CONSIDÉRATIONS

POLITIQUES

SUR LA RÉVOLUTION

DE FRANCE.

Par E. BRANDES, Secrétaire intime de la Chancellerie d'Hanovre.

Traduit de l'Allemand, sur la troisième Édition.

A PARIS,

Chez LAURENT fils, Libraire, rue de la Harpe, vis-à-vis la rue Serpente.

1791.

INTRODUCTION.

Le but d'un livre, il est vrai, ne se découvre jamais mieux que par le livre même ; mais comme dans le grand nombre des productions de nos jours, peu de lecteurs en font un examen assez attentif, il paroît nécessaire de faire connoître et le but de cet ouvrage, et la classe pour laquelle on l'écrit. Je n'ai pas voulu y débuter par un narré de la révolution française, parce que ç'eût été faire un travail inutile, que de répéter, d'après tant d'écrivains, le peu que nous savons encore de cette révolution.

Ceci n'est donc point pour ceux qui ne sont pas au courant des affaires de France. Mais qui aura lu avec attention une couple de gazettes, telles que *celle de Leyde*, ou *le journal de Paris*, et y a ajouté l'*exposé de sa conduite par M. Mounier*, et puis *la seconde lettre de Lally à ses commet-tans*, dont on trouve les traductions dans le magazin historique de Gottingen, sera suffisamment instruit des faits qui ont donné lieu à ces réflexions.

Quant aux réflexions mêmes, je n'ai qu'une observation à faire, c'est qu'elles ne sont pas toutes complétement développées, et qu'elles ne sont pas également ramenées à leurs premiers principes. Si je m'étois proposé un développement parfait de toutes mes assertions, j'aurois fait de cet ouvrage un systême de droit public; et, certes, il étoit bien loin de mon plan de m'occuper d'un pareil systême.

Au surplus, je n'aurois jamais pris la plume sur cette matière, si l'auteur des extraits des ouvrages les plus importans qui ont été publiés à l'occasion de la révolution de

France , eût jugé à propos de publier séparément ce qu'il a inséré au au mois de juillet dans la *gazette universelle de littérature* ; je pense à-peu-près comme lui sur tous les points qui sont ici de quelqu'importance, et je sais, mieux que personne, qu'il a toutes les qualités que peut exiger une pareil entreprise.

CONSIDÉRATIONS

SUR

LA RÉVOLUTION

DE FRANCE.

S'IL est vrai, comme dit Pope (1), que la lutte d'un grand homme contre les orages du destin, est le spectacle le plus propre à élever le cœur, et à piquer la curieuse attention des dieux mêmes, quel ne doit pas être l'effet d'une scène où l'on voit tout un grand peuple, dont on vante l'esprit et les lumières, s'arrachant à la servitude et combattant pour la liberté? L'Allemagne, quelque partagée qu'elle ait pu être sur les probabilités de l'issue, quelque opposés que s'y soient montrés les vœux de nos aristocrates et de nos démocrates, a pris l'intérêt le plus vif à un événement dont on

______

(1) what with pleasure steav'n itself surveys a brave man struggling in the storms fate. *Pope's prologue to Addisson's cato.*

A 4

chercheroit envain l'égal dans une longue
suite de siècles.

Dans ce moment-ci, l'intérêt de la multitude, qui toujours s'attache de préférence aux
scènes sanglantes, paroît être un peu dimi-
nué; après l'événement du 6 octobre, rien
n'a pu lui commander la même force d'attention. Mais, dans ce moment même où il
nous a été permis de suivre, dans une étendue
assez considérable, les délibérations de l'assemblée nationale; à présent que nous connoissons les principes, l'esprit et le caractère
des personnages qui y dominent; aujourd'hui
que, dans la foule d'écrits qui ont paru en
France depuis la révolution, nous en distin-
guons quelques-uns qui répandent une plus
belle lumière sur plusieurs points; à cette
heure enfin, où déjà nous voyons devant nous
une profonde partie de l'édifice de la nouvelle constitution, nous aurions droit à demander quelque chose de moins imparfait que
des lettres déclamatoires ou de simples no-
tices d'almanachs (1). La partie historique de

____

(1) L'histoire de la révolution par Schults est, pour
l'exactitude des faits, et pour la manière de les présenter, un ouvrage très-estimable. Les français n'en

l'origine de ce changement mémorable n'a été traitée jusqu'ici que par des allemands, qui ont même exécuté ce travail avant que Mounier nous eût donné l'*exposé de sa conduite*, et Lally sa *seconde lettre à ses commettans* ; deux ouvrages néanmoins qui nous présentent, sous un tout autre point de vue, la véritable liaison des événemens. Mais d'un côté, comment est-elle travaillée cette autre partie historique ? Le projet d'émouvoir les passions, et d'éblouir les yeux par une suite de tableaux, ne se montre-t-il pas à découvert dans la majeure partie de ces ouvrages ? La correction du dessein y est nulle ; l'on n'a été curieux que de l'effet.

La passion pour la liberté est le plus noble des penchans de l'homme ; mais il faut qu'elle soit conduite par la raison, sans quoi il en sera d'elle comme de toutes les autres passions, elle nous détournera du bon chemin. Que l'on cherche à nous inspirer la plus haute admiration pour un la Fayette ; je ne m'y oppose point : nul autre ne le mérite mieux que lui, d'après tout ce que nous en savons,

---

ont encore aucun qui, sur ce qui est arrivé en juillet dans la capitale, puisse aller de pair avec lui.

si la fermeté et la présence d'esprit sont quelque chose. Et moi aussi, je crois à la vertu ; j'y crois avec autant de chaleur, avec autant de zèle que qui qu'il y ait ; mais non pas à la vertu et au patriotisme de gardes que l'on a gagnées, ou d'une populace que l'on a soulevée à prix d'argent.

Pour être en mesure de porter un jugement réfléchi sur les affaires de France, il paroît indispensable d'éclaircir avec quelque soin les trois questions suivantes :

1o. Etoit-il nécessaire qu'il arrivât un grand changement dans la constitution française ?

2o. Ce changement pouvoit-il se faire sans une révolution, c'est-à-dire , sans l'influence du peuple armé ?

3o. La constitution actuelle de la France est-elle calquée sur la nature et les rapports connus de ce royaume ?

Je me serois expliqué moins longuement sur les deux premiers points ; peut-être même les aurois-je entièrement laissés de côté, si, pour avoir un fil plus sûr et mettre plus d'ensemble dans ces affaires, je n'avois jugé nécessaire de m'y arrêter un peu.

PREMIÈRE QUESTION.

*Etoit-il nécessaire qu'il arrivât un grand chan-
gement dans la constitution française ?*

Tout Etat qui n'a, ni par lui-même, ni par
des représentans élus d'époque à époque, aucune part à la législation, a une mauvaise
constitution.

Il arrivera sans doute, mais par le seul effet
du hasard, qu'un pareil Etat sera bien gouverné, lorsque des hommes de tête et d'un
caractère élevé occuperont le trône, ou, si
c'est une aristocratie, auront été placés dans le
sénat; mais l'histoire nous dit assez combien
il est rare de voir plusieurs souverains, doués
de qualités éminentes, se succéder l'un à l'autre, puisque le période de Trajan à Marc-
Aurèle est resté le seul de son espèce.

Le pouvoir exécutif ne doit point réunir
entièrement le constitutif, sans quoi l'on en
voit sortir le despotisme d'un sultan, comme
dans le cas opposé, on voit naître l'hydre de
la démocratie, qui, hors d'un petit Etat, où
les mœurs soient très-simples et les rapports
très-peu multipliés; hors la république de Ger-
sau, ne se montre jamais sans se faire redouter.

Ce qui doit ôter au pouvoir exécutif celui de faire seul des loix, et de les rendre sans la participation d'une nation ou de ses représentans, et de se mettre à l'abri du contrôle, c'est qu'en général, il est de la nature de l'homme d'aspirer à l'extension de la puissance, et que le pouvoir exécutif a précisément les moyens les plus propres à l'étendre.

Dans des états d'une certaine étendue, le peuple en corps ne doit exercer immédiatement, ni son droit à la puissance législative, ni celui qu'il a de contrôler le pouvoir exécutif. La raison en est d'un côté, que des assemblées trop nombreuses procèdent d'ordinaire avec trop de fougue, trop tumultuairement et sans aucune modération, tandis que d'autre part, la multitude agit trop d'après les impressions du moment, et reste trop exposée aux intrigues d'astucieux démagogues qui savent flatter les fantaisies du peuple. C'est par des représentans que les citoyens d'un état doivent prendre part au pouvoir législatif et au contrôle du pouvoir exécutif; et de même qu'il est presque universellement reçu, que, dans les états monarchiques, la délégation héréditaire du pouvoir exécutif est des plus avantageuses à une nation, de même aussi l'on peut présumer que, dans un royaume d'une très grande étendue, il est d'un intérêt majeur, pour le maintien d'un système de gouvernement durable, que le peuple délégue aussi héréditairement une partie de son pouvoir législatif et de contrôle. Au moins paroît-il que, pour parer aux grands inconvéniens qui se manifestent trop aisément dans les opérations d'une assemblée fort nombreuse, dont la puissance ne connoît point de bornes, il faut l'établissement de deux chambres pour exercer avec avantage la puissance législative et l'œuvre du contrôle. Le choix des hommes les plus sages et les plus distingués d'une nation pourroit-il ne pas remplir l'objet d'un contrôle assuré ?

Puisque, dans un état, il n'y a que la propriété qui puisse faire de l'homme un citoyen, la classe des non-propriétaires doit être exclue du droit actif d'élire. Ils ne paroît point du tout nécessaire que tous les citoyens prennent part à l'élection des représentans, ou qu'ils y participent également. Le but d'élever les hommes les plus sages et les plus distingués de la nation, à la place des représentans du peuple, pourra, selon toute apparence, s'atteindre immanquablement lorsque, sur cent mille citoyens, il n'y en aura que cinquante mille qui jouissent du droit d'élire. Et dès que l'usage a déterminé quelque chose de positif sur ce point, tout grand changement à cet égard mérite de grandes réflexions ; on ne doit s'y résoudre, qu'alors que l'expérience en a constaté l'indispensabilité. Une seule chose est ici nécessaire, que les électeurs ne soient pas en trop petit nombre proportionnellement aux propriétaires, et que le droit d'élire appartienne à beaucoup.

Le pouvoir législatif doit appartenir en commun aux représentans du peuple, et à la puissance exécutrice. Si le pouvoir exécutif étoit exclu de la législation, il courroit risque à tout instant de se voir détruit (1) ; l'envie de dominer respecte aussi peu les bornes dans les démagogues , que dans la volonté des princes. D'ailleurs , si le pouvoir exécutif n'a aucune part au législatif, ce seront deux pouvoirs ennemis dont la guerre sera éternelle;

___

(1) Montesquieu dit très-bien, *Esprit des Loix , Liv. II C. 6.*, si la puissance exécutrice n'a pas le droit d'arrêter les entreprises du corps législatif, celui-ci sera despotique ; car, comme il pourra se donner tout le pouvoir qu'il peut imaginer, il anéantira toutes les autres puissances.

il n'y aura plus ni harmonie , ni unité dans le gouvernement. Comment la puissance exécutive sera-t-elle amenée à faire exécuter ponctuellement des loix auxquelles elle donne toute son improbation ? D'ailleurs encore , cette puissance deviendra un phantôme , sur lequel chacun exercera sa pétulance ; l'éclat et les symboles de la dignité ne seront plus que des marques de mépris. Un roi qui n'a aucune part à la puissance constitutive , ne se montre dans la pourpre que pour être , à ses propres yeux , un objet de dérision. Constament tiraillé par l'apparence du pouvoir et par le sentiment d'une impuissance réelle , il travaillera tôt ou tard , à secouer les chaînes dont la constitution l'aura chargé ; et précisément parce qu'il est sans puissance , il cherchera à s'en donner plus qu'il n'en a besoin. Par l'effet de ces combats toujours renouvellés , l'Etat se transformera en république , ou , ce qui est bien plus probable , il éprouvera le sort de la Suéde.

Autant il importe que le pouvoir exécutif ait part à la législation , autant importe-t-il encore que les représentans d'une nation soient tenus dans une certaine dépendance de cette nation. Les représentans ne doivent point l'être à vie ; l'on auroit à craindre tous les maux de l'aristocratie, si la puissance chargée, de contrôler, se trouvoit hors de l'atteinte d'un contrôle suffisant, auquel l'opinion publique ne suppléera jamais qu'imparfaitement. La mort délivre en tout cas d'un mauvais prince, et son successeur peut donner l'espoir d'autres idées et d'un autre système ; mais l'esprit d'un sénat unique, constitué à vie, ne meurt point. Les membres qui y sont successivement introduits, partagent d'ordinaire la façon de penser du corps. Pour attacher fortement les représentans du peuple aux intérêts du peuple représenté, on n'a aucun moyen, sinon celui de dissoudre l'assemblée à des époques fixes, celui de procéder à une nouvelle élection générale.

Pour répandre l'esprit public, et pour instruire la nation de la façon de penser et de la façon d'agir de ses députés, à qui elle a confié ses intérêts les plus chers, il est de nécessité que les délibérations de la puissance constitutive soient publiques, qu'on les fasse connoître par la voie de l'impression, que, dans les grandes occasions, l'on fasse paraître des listes qui apprennent comment chacun a voté. Quel moyen meilleur que celui-là pour

informer

informer les électeurs , de la part que leurs élus ont eus aux affaires ? Comment pourroit - on les mettre mieux à même de juger leurs principes et leurs caractères ? La foule , il faut en convenir , est rarement capable d'apprécier les raisons des opinans ; mais les motifs qui ont amené des résolutions , contribuent beaucoup plus essentiellement que les décrets eux-mêmes, à former l'esprit et à éclairer la saine partie de la multitude. Rien n'animera le patriotisme des belles ames , rien ne les remplira d'une salutaire admiration , comme une attention scrupuleuse à la conduite des ames fortes , que leur position tient sous les regards du public. La publication des débats répandra , il est vrai , et nourrira cette haine réciproque qui s'attache aux personnes. Aussi des hommes profondément sages , qui sentoient vivement le danger qui en résulte , ont été d'avis que , pour informer les électeurs de la conduite de leurs mandataires , ceux-ci attendissent que les premiers en eussent manifesté le desir ; ils regardoient comme suffisant de leur exposer alors, et la conduite , et les motifs. Mais , si cela arrive fréquemment , on n'évitera plus le mal que l'on vouloit prévenir ; et si cela ne se fait que rarement , il en résultera l'effet

B

à la fois pernicieux et inévitable, que l'esprit public, qui naît sur-tout du développement des raisons pour et contre dans les affaires publiques, y rencontrera un obstacle qui l'empêchera de se repandre.

Contrôler le pouvoir exécutif est une des plus importantes affaires des représentans de la nation, et contrôler les représentans eux-mêmes, soit dans les élections périodiques, soit par la voix imposante du public, doit être un des premiers soins de la nation. Mais la voix du public n'est pure et intelligible que là où règne la liberté de la presse. Au moyen de cette liberté de la presse, tout habitant d'un pays, citoyen ou non-citoyen, actif ou passif, éligible ou non-éligible, peut influencer l'administration, contrôler le pouvoir exécutif et le constitutif, mettre rapidement ses idées en circulation et les soumettre à l'examen.

L'influence de la liberté de la presse est si grande, qu'on seroit tenté de croire que, vis-à-vis d'elle, la constitution d'un état est presque insignificative; que, par elle, dans une monarchie absolue, où l'on ne connoîtroit pas ce qu'on appelle des Etats, il seroit possible d'arriver parfaitement au but que se propose une bonne constitution. Mais, d'abord, tout ce qui dépend de la volonté momentanée d'un seul, est des plus incertains. Qu'il soit éclairé autant que l'on voudra, cela ne l'empêchera pas, dans l'occasion, de parvenir à se persuader qu'il n'appartient nullement à un particulier de juger des affaires d'État, encore moins de s'ingérer à les couvrir de blâme (1). Ainsi la liberté de la presse se trouvera toujours exposée à être supprimée ; danger qu'elle ne court jamais dans les pays où l'on ne peut rien contre elle sans l'aveu des représentans du peuple, attendu que ceux-ci n'ont guères de peine à sentir que leur existence est liée à la liberté de la presse. Ensuite , si cette liberté de la presse produit des effets grands et extrêmement sensibles, dans les Etats où le peuple coopère, soit médiatement, soit immédiatement, à l'exercice du pouvoir législatif, c'est parce que, dans ces Etats, un plus grand nombre d'individus prend activement et directement part à l'administration, et qu'ainsi la divine étincelle qui s'échappe du foyer de la presse, a devant elle un champ plus vaste et

---

(1) Expressions d'un rescrit très-connu de la cour de Prusse à M. de Goessing.

beaucoup plus de facilité à prendre ; au ieu que , dans des monarchies illimitées , la liberté de la presse , alors même qu'on l'y tolère , reste presque toujours sans effet. Dans ces Etats ci , le pouvoir est concentré dans les mains d'un petit nombre ; il est tout entier dans celles du prince , de ses ministres , de leurs favoris et de leurs favorites. Il n'est rien moins que décidé , qu'ils lisent, qu'ils se familiarisent avec les idées de leur siècle , que leur raison aille en avant avec celle de leurs contemporains. *L'on écrit*, diront-ils souvent , *Eh bien , qu'on écrive ! que nous importe ?* L'esprit humain peut avoir fait des pas de géant , que , dans des gouvernemens de cette espèce , tout est encore en arrière. C'est envain qu'on y compte sur une génération nouvelle , qui , en montant à son tour à la place de l'autre , pourra faire au bien public l'heureuse application des idées répandues par la liberté de la presse ; la partie de cette génération , qui parvient à s'élever , perd communément les idées qui lui étoient propres , et s'arrange de son mieux avec celles qu'elle trouve établies. Et puis la liberté de la presse peut bien servir à éclairer l'esprit , mais, seule, elle ne contribue guères à former le caractère , qui , plus

encore que l'esprit, est nécessaire à l'exécution des bons plans. La vie active sera toujours la meilleure école pour le caractère. Rien
ne le tient à une certaine hauteur, comme
de travailler en public, sous les yeux de ses
concitoyens, et en commun avec eux. Il est
vrai que, jusqu'à un certain point, tout homme
revêtu d'un emploi travaille aussi en public;
mais, dans ces états où l'approbation seule
du monarque, et non celle du peuple, conduit aux honneurs, combien l'homme qui se
croit le plus indépendant n'est-il pas livré au
sentiment de sa foiblesse ! La liberté de la
presse pourra le consoler d'une chute non-mé-
ritée, mais elle ne l'en garantira pas.

Ce n'est plus aujourd'hui qu'il faut songer
à prouver ce que fait une bonne constitution
pour le bien d'un état et de ses membres, ni
combien elle est indispensable ; mais les idées
en vogue demandent que l'on rappelle l'attention à considérer, que la constitution la
plus sage et la plus solide restera sans énergie, si les individus ne concourent pas, par
la force de leur caractère et de leur raison,
à soutenir l'esprit de cette constitution. C'est
sur les individus, et sur la façon de penser
qu'ils servent à répandre et à nourrir, et non

sur la lettre inanimée des loix, que la constitution repose en définitif. Mais, d'un autre côté, les hommes de cette espèce sont essentiellement l'ouvrage d'une bonne constitution : c'est-elle qui les place dans une sphère d'activité où leurs forces peuvent se déployer à leur aise ; une mauvaise constitution fait le contraire.

Au surplus, tous les moyens qu'on a pu proposer jusqu'ici pour mettre une constitution en mesure de corriger par elle-même ses défectuosités, celui sur-tout d'une révision périodique, sont non-seulement très-imparfaits, mais encore très-dangereux ; il n'arrive point qu'on en fasse usage sans jeter un Etat dans les crises les plus convulsives.

Après cet exposé de ce qui, selon moi, est essentiel à une bonne constitution, il seroit très-superflu de mettre en preuve, que, depuis l'année 1614, la dernière de la convocation des états-généraux, la France n'a pas eu l'ombre même d'une bonne constitution. L'administration y a été aussi détestable que la constitution mauvaise.

Il n'y a pas de bon sens et il y a du crime à exposer un seul instant la tranquillité de son pays, pour l'amour d'une perfection théorique. S'il eût fait bon habiter sous une constitution vicieuse, il étoit incontestablement de devoir de n'employer à l'amélioration de cette constitution, et par prévoyance pour l'avenir, que des moyens lents et légaux. Mais, à la vue de l'oppression inouïe, qui, sous la presqu'universalité des ministres, tomboit sur tout ce qui ne jouissoit pas de la protection spéciale des grands et des petits tyrans, il est réellement incroyable qu'un peuple nombreux et éclairé ait pu endurer si long-tems cette abomination, sans en venir à une insurrection universelle. L'on peut supposer, que, sans compter l'effet de la crainte, l'attachement au nom et aux droits du roi a servi à endormir la nation française, et à la tranquilliser jusques fort avant dans ce siècle. Le vœu de tous les amis de l'humanité étoit que les choses pussent changer en France, qu'un autre ordre de choses y fut constitutionellement amené. Quelques bons ministres isolés, contrariés, n'étoient nullement en force pour opérer quelque chose de stable. Turgot, Malesherbes, Necker n'avoient-ils pas gouverné, et tous leurs bons principes, tous leurs beaux plans n'étoient-il pas tombés avec eux ? Certes celui-là ne sera plus tenté de faire l'éloge des monarchies absolues , qui pésera la disgrace de ces ministres et les suites de leur chute.

Ilétoit donc nécessaire , il falloit qu'un grand changement se fît dans la constitution française.

Je me borne ici à la convocation des états-généraux. Ces états étoient un droit de la nation ; jamais ils n'avoient été abolis. Des contributions ne pouvoient se lever légitimement que de leur aveu. Si , depuis longues années, l'on s'étoit mis au-dessus de ce consentement, cela n'étoit pas capable de métamorphoser la force en droit , puisque la prescription en faveur du despotisme est une de ces choses qu'il devient impossible de maintenir (1).

----

(1) *Les nouvelles observations sur les états-généraux par M. Mounier,* nous présentent effectivement des observations et des faits précieux sur les états de France. On ne connoît en Allemagne que l'*exposé* de Mounier ; l'on n'y connoît point l'ouvrage que je viens de citer , ni les *considérations sur les gouvernemens.* On y trouve , non pas du neuf , mais du bien pensé , que l'auteur s'est approprié par la réflexion. Les écrits de personnages qui se sont distingués dans des affaires d'une importance majeure , ont toujours fourni à l'histoire et à la politique les mémoires les plus instructifs. Ils sont beaucoup plus propres à former un homme d'état que les systêmes abstraits.

Autant plusieurs partisans du despotisme ont aimé à douter, en Allemagne, de l'indispensabilité de cette convocation, autant, de mon côté, je me suis plu à en sentir la nécessité. Calonne, l'archevêque de Sens et Necker n'ont vu, tous les trois, aucun autre expédient; je n'ai pas besoin d'autre preuve.

Lorsque, l'un après l'autre, trois ministres qui ont des principes entièrement différens, beaucoup d'éloignement personnel l'un pour l'autre, et peut-être de l'aversion pour cet esprit de systême qui aspire à créer une constitution libre ; lors, dis-je, que tous trois imaginent le seul et même expédient, peut-on, en pareil cas, demander une autorité qui prouve mieux la nécessité du moyen choisi? Mais la situation des affaires vient encore à l'appui de cette autorité.

Par l'effet d'une guerre infiniment dispendieuse et des énormes prodigalités de la cour, il s'étoit manifesté dans les finances un déficit des plus considérables. Comme toutes les ressources manquoient ou étoient épuisées, on songeoit à se tirer d'embarras par de nouveaux impôts. Les parlemens s'y opposèrent en insistant sur la convocation des états. Tous les efforts, tous les coups d'autorité, toutes les violences furent vains : les parlemens ne voulurent ni céder, ni se laisser gagner. Lever des impositions sans leur suffrage étoit regardé comme la chose impossible ; une insurrection générale dans une nation opprimée et poussée à bout, eût été vraisemblablement la suite d'une pareille démarche. Déjà, dans quelques provinces, la révolte avoit éclatée, et ne s'étoit pas bornée aux dernières classes du peuple ; en Bretagne, par exemple, la noblesse étoit à la tête des révoltés. Une banqueroute nationale étoit tout aussi dangéreuse ; et qui sait jusqu'à quel point le caractère droit et honnête de Louis XVI s'élevoit contre cette mesure ? Le caractére du Roi mérite sans contestation, qu'on lui attribue une grande part aux mesures qui ont obtenu la préférence.

La convocation des états étoit donc nécessaire.

Une remarque se présente ici d'elle-même, et s'y présente pour consoler l'humanité qui gémit sous l'oppression : c'est que les causes mêmes qui, en France comme par-tout, ont le plus servi à assurer le despotisme, je veux dire les guerres au dehors et les prodigalités de la cour, sont précisément celles qui ont détruit le despotisme. Que la vue des hommes est bornée ! Qui pouvoit prévoir ces grandes suites dans le pillage de la du Barry , dans la guerre d'Amérique , et dans les brillantes fêtes de la reine ?

Un grand changement dans la constitution française , étoit nécessaire ; mais. . . . .

SECONDE QUESTION.

Ce changement pouvoit-il se faire sans révolution , sans l'influence du peuple armé ?

Il semble , au premier coup-d'œil , que l'influence du peuple armé étoit superflue. Le roi avoit légalement convoqué les états. Le clergé et la noblesse étoient prêts à renoncer à des privilèges pécuniaires , qui étoient pour le peuple une odiosité intolérable. Tout paroissoit fait. Cependant , quand on regarde de plus près à l'état des choses et à la disposition des esprits , combien peu étoit réellement fait !

De grandes fautes de la part de la cour se sont commises dans le principe. Les plus marquantes sont 1°. le vague que , dans la convocation royale des états , l'on a laissé sur plusieurs points importans ; 2°. le renvoi de M. Necker.

Sur le premier point nous dirons :

1°. Que , dans les lettres convocatoires, l'on n'avoit rien déterminé sur la manière dont devoient s'élire les députés aux états. La prescription portoit seulement que chaque ordre choisiroit ses députés au nombre fixé ; mais on laissoit aux trois ordres la liberté de s'écarter de la règle , s'ils jugeoient unanimement à propos d'y consentir , et de faire les élections par ordres réunis. Cette dernière méthode fut suivie dans quelques districts. Il est probable que si ce que l'on accordoit permissivement eût été érigé en règle inviolable , cela auroit avantageusement fait sentir son influence dans les élections. Plusieurs aristocrates fougueux n'auroient pas eu , sans doute, l'honneur d'être élus , si le tiers-état eût concouru au choix des députés du clergé et de la noblesse ; et il paroît certain , qu'en plusieurs bailliages , des démocrates outrés auroient fait place à de plus modérés. Pour éviter les malheureux extrêmes , pour inspirer de la modération aux trois ordres désunis , on pouvoit tout attendre d'un changement dans la manière d'élire. Contre les élections par ordres réunis, l'on a soulevé l'objection que chaque ordre, connoissant mieux ses membres , feroit un meilleur choix dans les plus distingués ; que, sur-tout , dans le clergé , le choix tomberoit immanquablement , non pas sur des curés, qui , connus seulement de leurs confrères , restent inconnus à la presqu'universalité des autres électeurs, mais sur les seuls évêques, si les trois ordres devoient élire en commun. Mais dès que des ordres sont divisés par des intérêts qui se heurtent et se choquent , le zèle pour les prérogatives d'un ordre y est communément regardé comme le principal mérite aux yeux de cet ordre ; et rien ne porte à croire, que des évêques sans popularité eussent pu être préférés à des curés soutenus par une affection méritée.

2°. Les lettres de convocation demandoient que les représentans des états fissent connoître au roi les souhaits & doléances du peuple , & que, pour cet effet, ils fussent munis de cahiers et d'instructions. On le vouloit , sans doute, parceque cela avoit toujours été, parceque, dans les autres assemblées l'on avoit fait ainsi ; nulle part il n'est dit, quel devoit être l'effet des cahiers; on n'imaginoit certainement pas que de pareilles instructions dussent lier les mains aux députés (1). Le roi vouloit être

____

, Cela est assez indiqué par les expressions suivantes : Et seront lesdits députés munis d'instructions et pou<

(30)

informé des difpofitions de ses sujets, fe mettre au fait de leurs demandes ; mais il n'entendoit pas limiter, par ce moyen, les votes libres des élus. En un mot, les inftructions devoient être un avis , un bon confeil des commettans à leurs commis; elles ne devoient être ni plus ni moins que ce qu'elles font en Angle-terre, où chaque membre de fa chambre des communes, les fuit *quand il lui plaît*. Toute délibération sur des points énoncés dans les cahiers d'une manière bien déterminée, & le nombre de ces points étoit confidérable, devenoit complètement inutile, fi l'on donnoit aux cahiers, et non au députés, le droit de vôter. Malgré cela, les députés furent tenus à jurer leurs cahiers, qui, dès lors, furent appelés des mandats impératifs; l'on eût plus d'une occafion de fentir le défavantage de pareils mandats. Plufieurs gentilshommes avoient juré de ne délibérer jamais ailleurs que dans leur chambre & de ne renoncer jamais aux prérogatives de la nobleffe. La plupart du tiers ordre jura de ne délibérer

voirs généraux et suffisans pour proposer, remontrer, aviser et consentir. *Lettre du roi pour la convocation des états-généraux*, p. 4.

jamais autrement qu'en commun avec le clergé et la noblesse, et de n'entrer en quoi que ce fut avant que la noblesse eut renoncé à ses privilèges. Retenues par ce serment, toutes les consciences délicates se refusèrent à la condescendance que commandoit l'équité, tous les roides aristocrates et démocrates y puisèrent une roideur nouvelle et un plus opiniâtre attachement à leurs principes.

Rien ne paroît plus simple que de dire les représentans constamment astreints à se conformer aux volontés de leur commettans ; mais rien ne détruit le but du système représentatif comme les instructions obligatoires. C'est à des hommes regardés comme les plus sages et les plus dignes qu'une nation délegue ; pour un tems déterminé, la partie du pouvoir législatif qu'elle n'a point délégué héréditairement, et en sus le contrôle de la puissance exécutrice. Si cette nation veut retirer du système représentatif tous les avantages qu'il lui offre, il faut qu'elle renonce à toute influence directe sur les droits de souveraineté. Dès qu'elle veut influencer, il en résulte défaut d'ensemble, incertitude dans les délibérations ; les représentans ne sont pas libres, la conviction qui naît des débats devient inutile. Comment le repréfentant aura-t-il une opinion, lorsqu'on lui prescrira l'opinion qu'il doit avoir? Et quand on ne lui lieroit les mains que fur quelques points, se pourroit-il que suivant tantôt ses propres idées, et tantôt des idées étrangères, il ne montrât pas dans sa marche vacillante une contradiction fréquente et essentielle? Les instructions renferment des principes contradictoires, par la raison que l'esprit d'intérêt y respire, chaque ville, chaque province, ne se souciant que de ce qui les touche et fermant les yeux sur ce qui est contraire aux intérêts des autres; mais le devoir du député embrasse le bien du tout, et ne peut se borner à celui du canton qui l'a élu. Il doit arriver souvent, très souvent, qu'un politique sage et éclairé, pour obtenir des avantages plus grands et d'un intérêt général, se mette au-dessus d'une multitude de petites considérations, et fasse tout plein de petits sacrifices. Le peuple ne voit souvent qu'un seul côté de la chose, ne saisit et ne sent jamais l'ensemble. Dans le systême repréfentatif, il ne peut rester à la nation que de convaincre ses députés par des raisons victorieuses, ou de procéder à de nouvelles élections. Cette influence médiate sera toujours

jours

jours d'un assez grand poids, dut-il même résulter quelque désavantage du droit de vote accordé sans limites aux représentans, certes, ce seroit toujours de ce côté là que se trouveroit le petit mal. Que si, à propos de l'exclusion d'une influence directe de la nation sur ses représentans, on veut donner au système représentatif le nom de fiction, qu'on le fasse ! Je n'en resterai pas moins perſuadé, que cette fiction de la représentation est la partie la plus nécessaire d'une bonne conſtitution.

En Allemagne, où la plupart des idées politiques dominantes, ne sont nullement le fruit d'observations faites sur les différentes constitutions et sur leurs effets, mais seulement des pièces de cabinet imaginées par la théorie ; en Allemagne, où graces à Rousseau, et aux gazetiers gagés de membres corrompus du parlement d'Angleterre, l'on est prévenu contre le siſtême représentatif, il est fort douteux que la doctrine qui rejette les mandats impératifs puisse être accueillie. Mais, dans les états amériquains, où certainement l'on ne manquoit pas de théories, jamais il ne fut question d'instructions obligatoires, ni pour le congrès, ni pour les assemblées particulieres des différens états : nouvelle preuve de la sagesse des législateurs amériquains. Le vague que laissoit la lettre convocatoire sur la force et la valeur des cahiers, eut d'abord les suites les plus désagréables dans l'assemblée des états. Plusieurs députés, qui faisoient profession de la plus noble délicatesse, refusèrent de voter sur plusieurs points, par la raison que leurs instructions se trouvoient en contradictions avec leurs consciences.

Le probe, loyal et judicieux Lally-Tolendal, prit il est vrai, la défense des mandats impératifs; mais l'amour du bien public le força à s'écarter de la lettre de ses instructions, et à voter l'emprunt de 30 millions, bien qu'il lui fut défendu de suffrager aucun emprunt avant l'achèvement de la constitution (1). Mettre les mandats de côté, fut regardé comme le seul moyen propre à assurer la liberté des délibérations, et à lever les obstacles qui, sur un grand nombre de questions de la plus haute importance, arrêtoient les réso-

____

(1) *V.* Lally, pièces justificatives, p. 91. Lally cherche à tranquilliser sa conscience par là, qu'en votant pour l'emprunt, la constitution étoit déjà solidement fondée. Cet excellent homme regarde-t-il encore aujourd'hui la constitution comme solidement assise?

lutions; ils étoient peu utiles comme dignes
à opposer au torrent de la démocratie. Plus
les idées démocratiques se répandirent, plus
aussi d'intrépides députés outrepasserent-ils
leurs instructions, et les outrepasserent toujours
au gré de la nation. Les instructions ne firent
obstacle à aucun mal, et ne servirent point
à l'avancement du bien; elles devinrent une
pomme de discorde; ce qui ne seroit jamais
arrivé, si dans le principe, la lettre du roi
leur eut donné leur valeur déterminée.

3°. La lettre convocatoire ne disoit point,
si aux états, le nombre des membres, ou
celui des chambres, devoit faire les décrets,
si la délibération devoit avoir lieu par ordre
ou par tête. Le roi abandonnoit ce point, le
plus important de tous, au jugement des états:
ils devoient commencer par se rassembler par
ordres. La grande diversité d'opinions des individus, des députés, des provinces, sur ce
point n'étoit ignorée nulle part. Nulle part
on n'ignoroit la fermentation qui, sur cette
question, s'étoit fait sentir dès avant l'assemblée des états; dans toute l'étendue de l'empire, ni comme quoi tout avoit pris parti
soit d'un côté, soit de l'autre, ni comme quoi
cela avoit donné lieu à des protestations et à

des contre-protestations , à des fédérations et à des contre-fédérations. L'animosité qui régnoit aux états, y étoit montée à son comble ; le moyen de penser alors à une réunion bénévole ! Tout demi-observateur ne devoit-il pas prévoir ce qui arriva effectivement, que les séances seroient d'abord tumultueuses, et que l'assemblée ne s'occuperoit que de cette question ? Les partis ne pouvoient en venir aux moyens de conciliation qu'après de longs combats ; ainsi pour leur épargner et ces altercations et l'animosité qui devoit encore en être la suite, la cour auroit fixé d'avance et déterminé avec exactitude tout ce qui appartenoit à la forme. Comment peut-on connoître les hommes et abandonner les arrangemens les plus importans sur le mode des assemblées, à un peuple, qui si long-tems opprimé, a perdu l'habitude d'agir librement, — à un peuple fait à l'obéissance et à se conformer sans réserve aux ordres émanés d'en haut, — à un peuple qui sort d'un long assoupissement ? Le respect pour les formes antiques, respect qui, presque partout, se montre d'ailleurs si puissant, ne pouvoit rien sur la France. La forme étoit ensevelie dans des chroniques poudreuses ; elle n'étoit point dans la mémoire des hommes; aucun ne pouvoit lui être attaché. Elle n'étoit point une de ces coutumes des peres qui enchaînent toujours la religion des enfans; il ne vivoit personne qui eut vu les états convoqués dans cette forme; personne même dont l'aieul eût pu en être témoin; depuis 175 ans, il n'y avoit eu aucune assemblée. Comme tout avoit changé dans ce période! Ce n'étoit plus le même empire, ni au-dedans, ni au-dehors; que n'avoit-il pas été ajouté à sa masse, et, en 1789, que tout étoit différent de ce qui existoit en 1614! Où étoient, en effet, ces seigneurs puissans, les Epernon et les Montmorenci? où, les villes de commerce autrefois si puissantes? Et puis, qu'elle incommensurabilité entre la façon de penser de ces deux époques! Si depuis 1614 jusqu'en 1789, les états-généraux avoient été affemblés sans interruption, il est probable que, dans leurs assemblées, tout se seroit modifié & arrangé peu-à-peu sur le changement des tems et des circonstances; mais, vu la différence totale dans la position des choses et dans la conformation des esprits, qui pouvoit conseiller de commencer en 1789 comme on avoit fini en 1614? Le clergé et la noblesse ne pouvoient plus être, comme autrefois, les

C 3

ordres prépondérans. D'ailleurs, le mode des assemblées n'avoit jamais été déterminé avec exactitude. Dans les quatre dernieres seulement l'on avoit délibéré par ordre (1). Mais quelle force de raison n'avoit - on pas à opposer à l'idée de vouloir puiser la règle dans ces quatre assemblées, tenues dans les tems les plus orageux et sous la prépondérance marquée d'un parti ? Aussi la cour n'osa-t-elle pas prendre sur elle de donner pour modèle à 1789, la forme de 1614. On lança le vaisseau de l'état à la mer, sans savoir qui en auroit le gouvernail. L'on avoit accordé au tiers-ordre la moitié des membres; mais à quoi cela lui servoit-il dès que les chambres sub-sistoient, dès que la noblesse et le clergé faisoient deux voix contre une ? Etoit-il à présumer que l'ecclésiastique français et le gentilhomme français consentiroient de bonne grace à donner les mains à la réunion deman-mandée par le tiers - état ? Précisément sur les questions où il importoit à un ordre que les suffrages fussent comptés par tête, les deux autres ordres devoient tout mettre en mouve-

(1) *Voyez* les nouvelles observations sur les états-généraux par M. Mounier.

ment pour que les votes par chambre fussent maintenues. Deux expédiens se présentoient au ministère : ou de décider d'abord que les états ne feroient qu'une seule assemblée, et d'accorder ainsi volontairement au tiers-état ce que dans la suite, il sut bien emporter de force ; ou bien, si l'on redoutoit l'indomptable et irrésistible torrent d'une assemblée unique, d'établir une chambre haute, dont l'organisation étoit susceptible de plusieurs formes (1). Tout étoit au pouvoir du roi. Sûr d'une influence prédominante, le tiers-ordre ne se seroit point opposé à une chambre

____

(1) L'on pouvoit, ou réunir les députés des deux premiers ordres en une chambre, ou bien former une active cour des pairs, une chambre haute, en la composant des ducs et pairs, des ministres et des grands officiers de la couronne, auxquels on auroit joint les chefs des familles les plus distinguées avec les hommes les plus estimables du royaume. De grandes difficultés militoient sans doute contre l'un & l'autre de ces projets ; mais il y en avoit de plus grandes encore à celui qu'on a adopté, à celui de laisser tout aller à la bonne aventure. Malgré l'établissement d'une chambre haute, les députés du peuple devenoient indubitablement la puissance prédominante, puisque les affaires de finances leur appartenoient exclusivement, et que sur deux chambres, la majorité ne pouvoit être contre eux.

haute ; et le clergé et la noblesse se seroient laissé gagner aisément, ou n'auroient guères été à craindre.

Avant la convocation des états , tout se trouvoit dans les mains du roi. A quoi les esprits les plus turbulens n'auroient-ils pas consenti alors ? Mais du moment où les états furent assemblés ; du moment où leur voix put se faire entendre , la bonne occasion ne fut plus , et une fois perdue , elle n'eut plus aucun moyen de renaître.

Voici le résultat de ce que j'ai dit ; ou dans le ministère français, il ne se trouvoit personne qui connut l'esprit de la nation , et qui pressentit la conduite probable de l'assemblée des états , assemblée convoquée *pour établir, suivant les voeux du roi , un ordre constant et invariable dans toutes les parties du gouvernement* ; ou bien les ministres , s'ils savoient tout , s'ils pressentoient tout, n'étoient point en force pour employer les mesures les plus sages. La solution parfaite de ce problême n'est pas encore possible , puisque les secrets de l'histoire , les anecdotes rélatives aux mouvemens que l'on s'est donné avant l'assemblée et depuis, sont encore sous l'obscurité du voile.

Mais en comparant ce qui n'est point igno-

ré, on en voit sortir l'extrême vraisemblance,
qu'aucun membre du ministère ne connoissoit
suffisamment l'esprit dominant de la nation,
ni ne présentoit l'énergie puissante avec laquelle il se déployeroit dans l'assemblée de
ses députés (1). Ce reproche tombe en particulier sur M. Necker , alors ministre diri-
geant.

C'est une des plus désagréables fonctions
d'un scrutateur de l'histoire , que d'être dans
l'obligation de blâmer de grands hommes.
Et puis connoît-on toujours la position de ces
hommes ? Instruit par l'événement , l'esprit le
plus foible voit tout autrement que la tête la
mieux organisée ne pouvoit le faire au milieu
des troubles et des embarras de l'action. Mais,
indépendament de ce que Necker pouvoit
effectivement prévoir, sans être à même de

----

(1) L'assemblée des notables convoquée par M. Necker, pour déterminer la forme des élections pour l'assemblée des états-généraux, suffiroit seule à donner des
indices salutaires. On ne se régla point sur l'opinion
de la majorité des bureaux, et pour cause, à ce qu'il
paroît ; mais l'issue de l'assemblée annonça déjà combien peu ce ministre en sauroit maîtriser une plus
nombreuse. Et malgré cette expérience, le signe indi-
catif ne le parut pas assez aux ministres,

le prévenir ; indépendament de ce que nous avons l'événement par devers nous , il paroît que Necker n'étoit pas l'homme qui pût tracer à un grand empire le plan d'une constitution, n'étoit pas l'homme qui sût attirer et faire coopérer à ses vues le petit nombre de personnages qui devoient être les plus utiles et les plus actifs dans la création des formes constitutives. Toutefois Necker est et demeure un grand homme. Je le dis , et l'on ne peut assez le répéter à ces petits esprits , à ces petites ames , qui , de tous les coins de l'Allemagne, en lancent aujourd'hui leurs plates moqueries et croient le dépasser , parce qu'il n'étoit point de niveau avec la plus difficile entreprise à laquelle un homme puisse être appelé. Oui , Necker demeure un grand-homme , si jamais ce nom fut mérité par qui , éloigné de l'esprit de systême , porta l'ordre et la lumière dans l'obscur et tortueux labyrinthe des finances , remédia à plusieurs abus de l'administration , fut inaccessible aux mouvemens du vil intérêt , et , vivant pour les devoirs de sa place , montra dans toutes les occasions une fermeté inébranlable de caractère. Mais , pour ce qui est de plans et de vues constitutives , pour ce qui est de connoître les hommes , et du

talent si rare de coopérer avec eux en les faisant coopérer avec nous , pour ce qui est de
deviner leurs desirs , de saisir leurs idées avec
facilité , et de les fondre en masse avec nos
propres conceptions , pour ce qui est enfin
de ne repousser personne par la morgue d'une
dramatique grandeur , ou de ne pas s'écouter
afin de mieux écouter les autres. ... Voilà ce
qui manquoit à Necker , voilà ce qui n'étoit
pas son côté brillant. Il étoit fait pour être
le meilleur administrateur d'une monarchie
absolue , mais non pour être le premier ministre chez un peuple marchant à la liberté.
Les ouvrages et les discours de Necker peuvent servir de preuve à ce que je viens d'a-
vancer. Une lecture attentive de son ouvrage
sur les finances de la France , laisse à peine
appercevoir quelques regards légérement portés vers l'image d'une constitution. Sans doute,
en 1784 , il ne pouvoit pas prévoir ce que
chacun , en 1788 , auroit encore livré à la dérision comme un rêve phantastique. Mais un
esprit, plein d'idées constitutionelles, se seroit
trahi davantage. Au lieu de cela , il reste cir-
conscrit dans les plans de Turgot sur les ad-
ministrations provinciales , dont il exécute
quelques uns en donnant au tiers-ordre la moi-

tié des suffrages. En revanche , il frustra le peuple , peut-être par de spécieuses raisons , du droit que Turgot vouloit lui donner , de choisir les membres de ces assemblées. Necker ne prit point en considération l'esprit de son tems. L'on est dans la presqu'impossibilité d'expliquer , comment lui , qui connoissoit si bien la manière de vogue des idées économistiques , ne se montra pas plus soigneux d'arrêter ou de modérer , par des députés pensant autrement , leur influence dans l'assemblée nationale. Il paroît s'en être entièrement reposé sur son influence personnelle. Necker n'avoit aucun parti dans les trois ordres. Nulle trace , que les meilleures têtes , les esprits les plus actifs des trois ordres ayent tenu à lui , se soient entendus avec lui. Mounier , qui , par ses opérations en Dauphiné , promettoit , dès le moment de son apparition à Versailles , de jouer un des premiers rôles , paroît n'avoir eu absolument aucune liaison avec les ministres. Lally , qui étoit incomparablement plus en rapports avec la cour , dit en termes exprès : *par là que M. Necker refusa d'assister à la séance royale du 23 juin , il obtint , pour la première fois , un crédit réel auprès du tiers-état.* Dans la noblesse et dans le clergé , le nombre des amis de Necker n'étoit certainement pas grand ; et Lally ne paroît pas avoir été très-lié avec lui. Sans liaisons intimes avec des hommes de poids qui, dans les trois ordres , pouvoient penser comme lui , coopérer avec lui à l'exécution des plans conçus en commun , et devenir les organes du ministre , Necker fit encore la faute pardonnable de ne pas se faire élire pour une assemblée , dont il étoit à prévoir , que , si elle se laissoit aller à son énergie , et si l'on n'étoit pas résolu d'opposer la force à ses prétentions , elle s'empareroit , à-peu-près , de toute la puissance du royaume. Il ne connoissoit pas les hommes, s'il pouvoit croire que , par de longues dissertations , ou par des discours solemnels prononcés occasionellement , il dirigeroit l'assemblée à suffisance , — s'il se persuadoit , qu'il parviendroit à maintenir l'harmonie et l'unité entre le pouvoir exécutif et l'assemblée nationale ; le maintien de cette unité ne pouvoit s'obtenir que par la présence habituelle et par l'activité soutenue d'un ministre étroitement lié à une bonne partie des représentans du peuple. Necker ne vouloit que du crédit que donne une admiration mêlée de respect. Il étoit sur de l'obtenir comme administrateur, l'ancien régime subsistant ; mais , dans le nouvel ordre des choses , son influence ne pouvoit être ni suffisante , ni durable. Cependant , malgré les grandes fautes de la cour et du ministère., peut-être auroit-on réussi à prévenir une rupture formelle entre le pouvoir exécutif et le constitutif, si la cour eut acquiescé tacitement à la prétention du tiers de se déclarer assemblée nationale. Celui-ci força une réunion des trois ordres , réunion que le roi auroit d'abord du commander , pour se mettre ainsi à la tête dû tiers-état , y assurer son influence , et se mettre en mesure de défendre les deux autres ordres contre des demandes exagérées. Au lieu de suivre ce plan , arriva, absolument contre le gré de Necker , la séance royale du 23 juin. Elle ne fit que mettre à découvert la foiblesse et l'animosité des aristocrates. Ceux-ci , pour être plus sûrs de leur fait , rassemblèrent une armée autour de Paris, et Necker fut renvoyé.

II. Le renvoi de Necker fut l'ouvrage d'individus , dont les uns étoient disposés à tout risquer pour maintenir les usurpations de leur ordre , peut-être aussi les prérogatives de la couronne et les droits de l'ancienne constitu-

tion , tandis que d'autres ; parfaitement in-
sensibles à toutes les suites que pouvoient en
éprouver les instrumens subalternes , ivres du
sentiment de leur grandeur native , et se ber-
çant de l'idée que la fureur de ces fils de la
terre , pour lesquels ils affichoient le plus sou-
verain mépris , ne pourroit jamais atteindre
jusqu'à la divinité de leurs personnes , refusèrent absolument d'entendre encore nommer
Aristide le juste , voulurent absolument se
défaire d'un homme , qui n'étoit rien moins
qu'un mannequin de cour , et qui , en dépit
même des princes , savoit penser par lui-
même.

Le renvoi de Necker étoit une de ces choses
pour lesquelles on ne trouve point de nom.
Après ce qui étoit arrivé à la suite du 23
juin , l'on devoit s'attendre aux plus terribles
mouvemens. On les craignit en effet , puisque , par cette raison même , une armée fut
rassemblée & Necker forcé à précipiter sa fuite.
Moins on étoit à même de pouvoir calculer
les effets de l'orage , et plus on devoit éviter
une démarche dont les suites ne pouvoient se
mesurer de l'oeil. Certes , ceux qui conseillèrent l'exil de Necker , sont cause de tout
le mal qui pesse sur la France. Par là fut

rompue, pour ainsi dire, la digue qui avoit retenu le peuple de prendre une part directe au changement de la constitution ; dès ce moment là fut mise en évidence la triste vérité, que le changement ne pouvoit exister sans ré- volution, sans l'influence du peuple armé.

Le tems nous apprendra, s'il étoit vrai que la cour, dans ses projets, songeât à violenter quelques membres de l'assemblée nationale. La démarche dont nous venons de rendre compte, jointe au rassemblement d'une ar- mée et aux choix faits pour remplir les places du ministère, permettoit de tout croire et de tout redouter. A moins d'en avoir les preuves historiques les plus complètes, il y auroit de la témérité à vouloir décider la question, si les nouveaux ministres eurent réellement les vues et tinrent les propos qui leur furent at- tribués (1). Ici la vraisemblance interne n'est d'aucune utilité. Que n'est pas capable de dire un ministre de France, bouffi d'un orgueil aristocratique et composé d'insensibilité et de bas égoisme ? Mais, d'un autre côté, que ne peuvent pas inventer des émissaires à gages,

______

(1) Qu'il falloit faucher Paris comme un pré, & qu'on en devoit promettre le pillage aux troupes.

employés,

employés, dans les vues les plus infâmes , à soulever le peuple ? Lally nous a appris, que le roi lui-même , à son arrivée à Paris au mois de juillet, lorsque Moreau de St. Mery eut mentionné, dans sa harangue , les noirs complots contre la capitale , nia formellement le fait. Il n'y a qu'un démocrate en délire qui puisse révoquer en doute la véracité de Louis XVI ; mais , si les ministres disoient tout au roi ; c'est une autre question. Il est juste de se montrer méfiant au possible vis-à-vis des bruits, qui , dans ces momens de grande effervescence , ne manquent jamais à se répandre. Il le faut sur-tout ici , puisque , comme Spittler l'a très-bien fait voir d'après les meilleurs avis (1), il est démontré que, même avant la révolution , il se commettoit des infamies sans nombre.

Je range parmi ces infamies , dont plusieurs, à ce qu'il semble , étoient entrées de bonne heure dans un plan régulièrement combiné , et devoient, selon les circonstances, être mises

____

(1) Dans le magasin historique de Gottingen , la nouvelle justification du prince de Lambesc, prouve également combien, parmi les bruits qui couroient , il y en avoit de destitués de tout fondement.

D

en avant et acquérir même plus d'extension,
pour se montrer, le matin du 6 octobre, dans
leur suprême grandeur ; je range, dis-je, les
causes principales de la défection des gardes-
françaises. Le fanatique démocrate Desmoulins (1) est assez franc pour avouer, que
l'on gagna les soldats en leur donnant à man-
ger, à boire, et des filles ; Mounier et Lally
ne le disent pas, mais le font entendre. Le
dernier articule positivement que, plus tard,
environ au mois d'octobre, cinquante mille
livres furent répandues en un seul jour dans
le peuple. Et ce qui, dès le commencement
de l'assemblée, s'est passé au palais-royal,
cela n'auroit-il aucune connexion avec le dé-
part précipité du duc d'Orléans pour Londres ?
Il n'est pas possible d'entrer dans le détail de
toutes les infamies, que, pour ameuter le
peuple, le parti du palais-royal d'abord, et
ensuite les aristocrates eux-mêmes, peuvent
avoir mises en jeu ; nous n'avons point encore
assez de notions sur ces menées et ces machi-
nations ; mais ce qu'il n'est pas permis de passer sous silence, c'est que ces trames infâmes
ne tenoient et n'aboutissoient guères à des

______

(1) Révolution de France & de Brabant.

plans qu'un homme impartial put regarder comme ayant le bien public pour objet. A en juger par les apparences, peu des moyens mis en usage pourroient chercher leur justification, même dans le principe jésuitique, que l'intention sanctifie tous les moyens. Les vues des auteurs secrets de la défection des gardes-françaises n'ont rien qui annonce leur pureté. La chose en elle-même a excité de toutes parts une multitude de disputes. Je regarde comme ne méritant pas d'être examinée, comme aussi oiseuse que tant d'autres posées dans le vague de l'universalité, la question abstraite de savoir jusqu'à quel point des soldats peuvent résister aux ordres de leurs préposés légitimes, et agir même contre ? Il est évident que la décision en doit être prise dans des circonstances particulières qu'il n'est guères possible de déterminer sans sortir de l'universalité. D'ailleurs, j'envisage une discussion détaillée de cette question, pour peu que l'on y mette de chaleur, de sentiment, comme très-propre à produire dans le militaire des effets infiniment redoutables. Les hommes animés des sentimens sublimes de l'humanité savent, dans l'occasion et dans les cas de collision, se décider pour le meilleur parti, sans qu'ils aient besoin pour

D 2

cela des règles des casuistes , tandis que ces mêmes règles égarent la multitude , et lui inspirent du dégoût pour les devoirs de son état (1).

---

(1) Il me semble qu'on a fait en Angleterre tout ce qu'il est possible de faire dans un Etat libre , pour fixer les rapports de l'armée à l'Etat. L'essentiel consiste à n'avoir que des troupes nationales , & à donner de préférence les places d'officiers à des hommes qui aient quelque fortune , ou des familles les plus distinguées. Burke dit avec beaucoup de vérité , dans son discours du 9 février 1790. An armed , disciplined body is , in its essence , dangerous to liberty ; undisciplined it is ruinous to society. Its component parts are , in the latter cise , naither good catizens , nor good soldiers. What have they thought of in France , under such a difficulty as almost puts the human faculties to a stand ? Tey have put theih Army under such a variety of principles of duty , that it is more likely to breed litigants , petty foggers and mutineers ; than soldiers. *Par le serment d'obéir au roi , à la nation et aux loix* In England we have in a such a difficulty as that of sitting a standing army to the staate much better. We have not distracted ouz Azmy by divided principles of obedience : we have put them under a single authority ; with a simple , our commoun , oaeh of ftdelty ; and we keep the whole under our annual inspretion. This mas doing all that could be safely done.

Eh bien ! oui , des infamies très-actives ont d'abord souillé les commencemens de la révolution ; mais elle étoit nécessaire , puisque tout étoit au jeu , et que chacun étoit forcé à croire que la liberté des délibérations de l'assemblée nationale couroit les plus grands dangers.

Une révolution est presque toujours accompagnée de circonstances déplorables. L'on peut bien prévoir ce que la révolution détruira , mais jamais ce qu'elle remettra à la place. Ces vérités , quoique vulgivagues , ne sauroient être assez redites aux amis des révolutions. Il faut convenir cependant , qu'en juillet , tout paroissoit perdu pour la France ; et il étoit devenu probable , que tout ce que le peuple pouvoit entreprendre de pis ne seroit pas pire que ce qu'on avoit à craindre de la cour. La redoutable immixtion du peuple eut lieu en effet , et fut regardée , pour le moment , comme le plus petit de deux grands maux.

Les amis de la liberté déclament grandement contre les grandes villes ; ce n'est pas sans raison : mais , pour être juste , il ne faut pas taire , que c'est l'influence de la ville de Paris qui a opéré la destruction du despotisme monarchique. Qu'auroit pu faire le pauvre peuple de la campagne , embarrassé , épars, sans la démarche décisive de la capitale ? Les scènes effroyables du suplice de Launay et de celui de Flesselles , révoltent , sans doute, tout homme qui a de la sensibilité ; mais il n'en est pas moins étonnant que les scènes de cette espèce ne se soient pas multipliées , qu'on n'ait pas fait couler plus de sang , dans cette même journée.

Après que le roi se fut rendu à l'assemblée nationale et eut consenti à tout ce qu'elle demandoit, le besoin le plus pressant étoit d'exclure promptement le peuple de toute immixtion ultérieure , de rétablir la tranquillité , et de mettre fin à la justice de la populace. Le pouvoir exécutif étoit anéanti ; c'étoit donc à l'assemblée nationale qu'il appartenoit d'y pourvoir. Le 20 juillet, Lally proposa sagement une proclamation à cet effet ; sa motion fut appuyée par les membres les plus respectables , mais ce fut envain : les efforts de Mirabeau réussirent à faire renvoyer cette affaire. Ce fut le 22 que se passa l'horrible et cannibale scène du dépécement de Foulon et de Berthier. Alors même , Mirabeau eut encore le courage de reprocher à Lally , *qu'il sentoit, lorsqu'il falloit penser.* Une députation du châtelet se présenta à l'assemblée nationale et la conjura de rétablir l'ordre, la conjura *de rendre le calme à leurs tristes foyers.* La proposition de Lally fut alors admise, il est vrai; mais avec des changemens qui ôtoient à la chose toute sa force, mais avec des adoucissemens exagérés qui en détruisoient l'efficacité. Si ceux qui conseillèrent le renvoi de Necker furent cause du soulévement du peuple, il paroît que les scènes sanglantes, qui depuis ce moment-là jusqu'à l'heure qu'il est, ont continué de souiller la France, ne sont dues, pour me servir de l'expression la plus douce, qu'à la molle ou foible conduite de l'assemblée nationale. Si la proposition de Lally avoit d'abord été admise; si l'assemblée nationale, en commun avec le nouveau ministère, qui, pour le moment, avoit toute sa confiance, se fût sérieusement prêtée au rétablissement de la tranquillité et de l'ordre; si l'on eût fait servir à cette fin et le militaire et la garde nationale qui venoit d'être créée; si le premier perturbateur du repos public, après avoir été jugé sommairement, eût été sacrifié au maintien de la paix, il est très-vraisemblable, qu'au moment où la république de Paris et toutes les autres républiques du royaume n'avoient encore acquis aucune consistence , l'on auroit prévenu les abominations de l'anarchie et de la fureur populaire. On le devoit , et de plus , on devoit déployer plus d'énergie contre la licence de la presse ; contre ces écrits séditieux qui ne respiroient que meurtres , pillages et incendies, et faisoient de grandes impressions ; contre plusieurs actes incompatibles avec le bon ordre , dont quelques districts de Paris s'étoient rendus coupables : voilà ce qu'on devoit faire dès le commencement et ne point discontinuer de le faire ; mais c'est ce que l'on n'a point fait. L'assemblée nationale n'a rien décrété encore sur la liberté de la presse ; quelques règlemens pour la ville de Paris , faits par la ville même , sont tout ce que l'on a vu paroître sur ce point.

La conduite foible de l'assemblée nationale, dans un état de chose dont l'importance ne pouvoit être plus grande , n'étoit pas , pour tous ses membres , l'effet du même principe. Dans les uns , elle provenoit de la crainte inspirée par l'effrénation du peuple , et encore de la suspicion qui s'attachoit à un renforcement quelconque du pouvoir exécutif ; c'étoit une erreur de l'esprit : dans d'autres , c'étoit un

crime de la volonté ; on ne vouloit point arrêter le délire de la populace , parce qu'on en
avoit encore besoin pour certains desseins
cachés.

Il y eût donc un moment où l'influence du
peuple se trouva , malheureusement , nécessaire pour maintenir la liberté de l'assemblée
nationale. Mais celle-ci , comment a-t-elle usé
de cette liberté ?

TROISIEME QUESTION.

*La constitution actuelle de la France est - elle
bien calquée sur la nature de cet empire ?*

La constitution , il est vrai , n'existe point
encore dans son achevement ; mais presque
tous les grands traits en sont tracés. L'esprit
qui règne avec prépondérance dans l'assemblée s'est assez montré pour n'en rien laisser
à deviner Dérouler maintenant cet esprit et
examiner quelques-uns des plus importans décrets dans la liaison qu'ils ont entre eux , doit
faire le sujet de cette section.

C'est d'abord un grand sujet de regret que
d'avoir si peu de notions certaines sur le caractère des grands acteurs de l'assemblée nationale. Ce qui en a été communiqué au pu-

blic, porte si évidemment le sceau de l'extrême partialité, et, si l'on en excepte l'excellent exposé de Mounier, et la non-moins
importante lettre de Lally, a au détail si peu
de caractéristiquement individuel, qu'un scrutateur de l'histoire ne peut y trouver de quoi
remplir son objet; il eſt là, ce scrutateur,
comme il seroit, ou même encore moins bien
qu'il ne seroit vis-à-vis de quelques caracté-
risations satyriques, mais ingénieuses, qu'on
a faites des ministres anglais, et qui, très mul-
pliées en Angleterre, comme on ne l'ignore
pas, offrent du moins, quoique en carricature,
un portrait de profil bien déterminé. *L'adresse
aux provinces*, qui a été si souvent traduite
en allemand, et selon moi, faussement attri-
buée à Bergasse, *l'intérêt* et *les cris des provinces*, le *Domine ſalvum fac regem*, brochures
les plus connues de toutes celles qui ont paru
contre le parti dominant de l'aſſemblée nationale, ne sont nullement des sources où il
soit possible de puiser avec confiance. Il peut
y avoir du vrai; mais qui voudra s'en rappor-
ter à des pasquilles anonymes, où d'un bout
à l'autre, on n'apperçoit rien qui annonce une
connoissance exacte des caractères qui y sont
jugés? Ce que Desmoulins et d'autres démo-

crates ont fait imprimer contre Mounier et plusieurs autres, est tout aussi misérable que ce qui a été publié par les aristocrates. *La galerie des états-généraux*, qui vraisemblablement n'est pas l'ouvrage de Mirabeau, renferme, avec quelques portraits bien dessinés, une foule d'autres souverainement médiocres. En général, je crois pouvoir faire ici l'observation non-déplacée, que la littérature française a perdu le droit de dire à celle des allemands, comme par manière de reproche, que les productions françaises, même les plus mauvaises quant au fonds, ont l'avantage d'être bien écrites. Il est incroyable, jusqu'à quel point le style est négligé dans tout ce que la France voit paroître, chaque jour, sous l'anonyme, tant d'un parti que de l'autre. Nos plus mauvais écrivains allemands n'écrivent pas plus mal; ce ne sont que des rapsodies du moment, écrites selon toute apparence, pour appaiser la faim du moment. Lorsqu'on connoît un caractère dans sa totalité, chaque action, chaque propos, est plus aisé à juger au vrai, qu'il n'est facile de faire servir ces actions et ces propos à la composition du tout. Mais, au défaut de ressources, c'est à ce dernier expédient qu'on doit uniquement avoir recours.

Abstraction faite de ce que nous en ont appris les mémoires de Mounier et de Lally, nous ne connoissons les membres principaux de l'assemblée nationale que parcequ'ils ont fait à cette assemblée. Les débats sont, jusqu'ici, nos seules pièces justificatives les moins défectueuses, quoiqu'elles ne laissent pas que de l'être un peu. S'ils ne nous peignent pas parfaitement les caractères, ils sont propres en revanche, à nous mettre au fait de la propagation des idées, et des systêmes que suivent les différens partis. Nous y voyons suffisamment ce qui se passe dans les têtes des membres actifs de l'assemblée; malgré que leurs cœurs et leurs vues secrètes nous restent encore cachés.

Je me suis particulièrement servi de la rédaction des débats qui se trouve dans le *Journal de Paris*; l'article de l'assemblée nationale est de Garat le jeune, député à l'assemblée, et jouissant d'un grand crédit dans le parti démocratique. Les avis que des personnages importans y font souvent insérer, sont une preuve du crédit dont le journal jouit lui-même. Le plus sûr sera toujours de juger les partis d'après leurs défenses, d'après leurs mémoires justificatifs. Les démocrates font en

France une profession si ouverte de leurs principes, qu'on peut dire d'eux, qu'ils font fupérieurement jugés par eux-mêmes.

L'efprit dominant de l'affemblée nationale s'eft formé & modifié felon les circonftances. Quand les ordres étoient encore féparés, on entendoit dans le tiers de toutes autres idées, un tout autre langage qu'à la révolution du mois de juillet. Un autre grand changement s'y manifefta après le 6 octobre.

La façon de penfer d'un parti qui, peu à peu s'eft renforcé de plus en plus, acquit, dans cette mobilité des événemens, une prépondérance décifive. L'enfemble du fyftême actuel de ce parti n'exiftoit certainement que dans un très-petit nombre de cerveaux. Lorsque Lally parut à l'assemblée, déja il y avoit des cabales ; des cabales des deux côtés, c'eft à dire, tant de la part des ariftocrates, qui, néanmoins encore étourdis du fentiment de leur divinité, pouvoient bien ne pas fe trémouffer infiniment, que de la part du palais-royal. Déja vers le milieu de juin, comme nous le favons de Lally, un de ces derniers maintint que les décrets n'avoient pas befoin de la fanction du roi ; cependant la démocratie royale pouvoit bien alors n'être encore entrée que dans très peu de têtes.

De la pufillanimité des uns, de l'éloignement d'un nombre confidérable, dans lequel on comptoit des membres de la première activité; enfin de la facilité qu'une grande affemblée offre à un parti dominant de s'accroître, il devoit arriver qu'une prépondérance, foible d'abord & prefqu'infenfible, s'élevat enfin au degré de force le plus extraordinaire. D'ailleurs, les idées démocratiques s'enfiloient si bien avec les idées métaphyfico-fpéculatives des économiftes, dont tant de monde étoit déja imbu! L'on fe perfuada que, plus l'on bavardoit principes, ou plus l'on pouffoit des demi-vérités fondamentales jufques aux conféquences les plus romanefques, les plus inapplicables, quoique logiquement juftes, & plus auffi l'on raifonnoit conféquemment, démonftrativement. Au furplus, l'importance des membres de l'affemblée nationale devoit gagner extraordinairement à diminuer la puiffance royale & à augmenter, à fes dépens, celle de la nation, qui, s'expliquant légalement par fes repréfentans, pouvoit le faire avec toute l'énergie poffible.

La grande majorité des députés, n'étoit rien moins que pratiquement préparée au terrible ouvrage d'une légiflation. Où auroient ils pu s'y préparer? Çe n'étoit pas dans leur pays; car ce que quelques-uns avoient pu faire ou voir aux états de leurs provinces, n'étoit pas capable de leur donner ce qu'exige la légiſlation d'un grand empire. Aux tenues des états provinciaux, il ne s'agiſſoit guères de grandes vues conſtitutives; il y étoit question de privilèges, & ſur-tout de la répartition de l'impôt. Les parlemens & les avocatures n'étoient pas une meilleure école. Enchaînés par l'eſprit de corps & par les formes, les membres y étoient toujours, ou tenans ſtrictement aux uſages reçus, ou s'ils en avoient ſenti l'inconvénient, ſe jettant dans l'autre extrême. Dans le cercle étroit des tribunaux, il eſt rare que l'on apprenne à connoître les hommes; les affaires qu'on y traite ſont détachées, individuelles & traitées comme telles. La ſcrupuleuſe obſervation des formes y ſuffit déja ſeule à raccourcir le point de vue; la foible part des cours ſouveraines aux affaires légiſlatives n'a pu que rarement en élever les membres à la hauteur des conceptions de l'homme d'état. Parlerons-nous de l'aſſemblée des notables convoquée par Calonne? Son effet fut très borné pour l'objet que nous diſ-ſutons; elle ne fit guères que produire une

animofité réciproque. C'est au dehors qu'on
étoit réduit à aller chercher la connoiffance
des çonftitutions libres. Il me paroît qu'à l'assemblée nationale il y avoit très-peu de
membres qui euffent été en Angleterre, pour
y obferver la constitution anglaife par eux-
mêmes ; on ne la connoiffoit donc que par
les livres et par les gazettes ; et précifément
les livres, qui jugeoient moins favorablement
la conftitution de la grande Bretagne, étoient
ceux à qui on donnoit la préférence. Les états
de l'Amérique feptentrionale, l'expérience les
avoit mieux donnés à connoître. La Fayette
et tant d'autres officiers avoient fervi en Amérique ; la façon de penfer de plufieurs s'y étoit
formée. Il s'eft trouvé par malheur, que les
rapports de l'Amérique n'étoient nullement
les rapports de la France ; que ces rapports
des Américains, tant les intérieurs que les
extérieurs, étoient incomparablement plus
fimples, incomparablement moins compliqués
que ceux des Français. Il n'y avoit rien à
bouleverfer en Amérique, point de nobleffe,
point d'ordres privilégiés. La conftitution
nouvelle de chaque état n'y étoit, pour ainfi
dire, que l'achèvement de l'ancienne, achèvement qui pouvoit fe faire fans efforts, et

avec

avec très-peu de changemens. On y laiſſoit aux hommes et leurs loix et leurs uſages; la ſeule choſe qui ait longuement et vivement occupé les amériquains, eſt l'organiſation de leur congrès et du pays commun aux treize états. Quelle différence et qu'elle facilité de beſogne, en comparaiſon de ce qu'il y avoit à faire en France !

La ſeule conſtitution exiſtante dont pluſieurs députés euſſent une connoiſſance intuitive ne pouvoit ſervir de modèle; et cependant ſon influence ſur la formation de la conſtitution françaiſe fut extraordinairement grande. Mais, dans le fait, ce qu'on a pu trouver et prendre dans le monde réel, est fort peu de chose en comparaiſon de ce qu'on a puiſé dans les livres. Dans aucun pays, chez aucun peuple, les écrivains n'ont autant contribué au renverſement de l'ancienne conſtitution qu'ils l'ont fait en France (1). Voltaire s'étoit élevé

____

(1) D'après ce que nos yeux ont vu y arriver, l'on diroit qu'il eſt à craindre que, dans les autres États, il eſt à craindre que les princes ne ſe montrent plus jaloux et plus ſévères contre la propagation des idées philoſophiques et politiques. Mais en ce cas même, l'exemple de la France, où l'on n'étoit rien moins que tendre envers les écrivains hardis, et où, au con-

E

avec avec un esprit enchanteur, et souvent,
avec le langage de la raison, contre la tyran-
nie et l'oppression de plusieurs institutions ;
et il étoit lu dans toutes les classes, dans tous
les ordres. Il n'avoit rien édifié, ce Voltaire,
il ne faisoit que détruire. L'action de Montesquieu ne se fit sentir que sur un petit nombre ;
mais elle fut forte et puissante. Nous qui
sommes aujourd'hui montés sur ses épaules,
et qui voyons plusieurs objets beaucoup mieux
qu'il ne pouvoit les appercevoir, nous ne
devrions jamais oublier ce que nous devons à
ce grand homme. Son *esprit des loix*, si l'on
regarde à la richesse des idées, à la profon-

---

traire l'on sévissoit contre eux avec plus de dureté
que par-tout ailleurs, fait voir clairement combien
peu les défenses et les moyens violents sont capables d'effectuer, lorsqu'une fois l'esprit du tems a une
allure déterminée. Aux recherches et aux discussions,
l'on ne peut opposer que des discussions et des recherches. Dès que le public s'est déclaré à haute et
intelligible voix contre toutes les institutions, il ne
reste au gouvernement, pour prévenir les actes arbitraires du peuple, que de mettre lui-même la main à
la réforme douce et successive des abus qui invoquent
la prescription ; il ne lui reste que de régler sa marche
sur celle progressive de son siécle, au lieu de vouloir
la contrarier.

deur et à la finesse des observations et de la manière d'expliquer les phénomènes historiques, n'a pas son égal, quoique la partie abstraite et systématique de l'ouvrage manque quelquefois de cohérence, et que les principes n'y soient pas toujours suffisamment dévelopés (1). Les décisions de Montesquieu étoient autrefois des oracles pour la France ; mais avec le crédit de la constitution britannique est aussi tombé le crédit de Montesquieu. De Lolme et la constitution qu'il expliqua furent aussi l'objet de l'admiration des Français, aussi long-tems que la clique. Rousseau-Américano Economistique n'envahit pas la prédomination. Dans Mounier, Lally et Bergasse, les idées

----

(1) Je pense comme Schloser. (*Voyez* ses lettres sur la législation) et je regarde avec lui-même comme un fort mauvais signe du tact philosophique et politique des allemands, l'accueil qu'on a fait en Allemagne au systême de Filangieri sur la législation. Combien ce filangieri est en arrière de Montesquieu ! combien de choses plates et superficielles, il entasse pompeusement dans son ouvrage, dont le plan est immense ! J'ignore le crédit dont il peut jouir auprès de ses confrères, les économistes de France ; mais quant à l'ignorance des hommes et à l'oubli des rapports individuels d'un Etat, il ne le cède en rien à ses confrères français.

influencées par la constitution anglaise ne sont pas méconnoissables. Lorsque la majorité du premier comité de constitution eut donné sa démission, et que trois de ses membres se furent éloignés, l'on n'apperçut plus de traces du respect antérieur pour la constitution anglaise. L'on applaudit aujourd'hui, dans l'assemblée nationale, à qui vient lui dire avec assurance, que les Anglais ne jouissent d'aucune liberté. Parmi les ouvrages sur la constitution des états amériquains, la grande approbation a distingué les *recherches sur les états unis de l'Amérique, par un citoyen de Virginie*, qui, avec plusieurs critiques de la constitution anglaise, renferme le développement de certains principes démocratiques & beaucoup de notions intéressantes sur la situation intérieure de l'Amérique, mais sur-tout les *notes ajoutées à Livingston*, réfutateur de l'ouvrage d'Adam, qui recommandoit aux Amériquains la constitution britannique comme un modèle à copier & à suivre (1). Quoique,

---

(1) La traduction de Livingston, avec les notes, qui font la très-grande majorité de l'ouvrage, a paru sous ce titre : *Examen du gouvernement d'Angleterre, comparé aux constitutions des Etats-Unis, par un cultivateur de*

dans ces notes, l'on ne laiſſe pas que de montrer, par-ci par-là, quelque chaleur contre

---

Neu-Jerſey. Livingston. Gallois, dit-on, a eu beaucoup
de part aux notes. Lally nous apprend la grande influence de cet ouvrage. Cependant le texte et les notes
ſont d'une grande médiocrité Livingston et ses annotateurs combattent la constitution d'Angleterre, mais
avec peu de force de raiſonnement. Livington dit p. 22,
*On peut conclure hardiment qu'un roi d'Angleterre peut
se rendre absolu quand il veut.* Il eſt pourtant assez
équitable pour avouer, p. 35, *que la conſtitution anglaise laisse aux citoyens une liberté civile plus étendue
que celle dont ils ont joui dans aucune constitution ancienne ou moderne, excepté celle de l'Amérique.* Il pense
en anti-démocrate, quand il dit p. 40 : *Le peuple a
toujours été et sera toujours incapable de retenir dans ses
mains l'exercice du pouvoir ; il doit nécessairement le dé-
léguer sous une forme quelconque.* Et p. 44, il se dé-
clare de la manière la plus cathégorique contre *le
gouvernement représentatif d'une seule chambre.* Les auteurs des notes disent à la vérité, p. 114, que *la
liberté personnelle est beaucoup mieux assurée en Angleterre qu'ailleurs ;* mais d'autre part, ils pensent beaucoup
plus défavorablement de l'Angleterre que Livingston
lui-même. La prérogative, au fond si impuissante, qu'a
le roi d'Angleterre de déclarer la guerre et de faire
la paix ; ils l'attaquent p. 122, en demandant : *Qu'est-
ce que la perfection d'une constitution par laquelle la
volonté générale n'est consultée sur les amis et les ennemis*

une brusque réforme générale du gouvernement en France, il paroît que, au total, elles

de l'État ? Mais s'il étoit vrai que la voix de la nation eût su se procurer une influence imédiate, telle
que, depuis plus de soixante ans, toutes les guerres
qui ont éclaté ont été de vraies guerres nationales,
c'est-à-dire des guerres non-seulement approuvées,
mais encore desirées par la très-grande majorité de la
nation ?..... Les guerres que l'Angleterre a faites depuis l'avénement de George II au trône, sont celles
de 1739, contre l'Espagne, et 1756 contre la France,
deux guerres arrachées, pour ainsi dire, à la cour, qui
n'y consentoit qu'avec peine, et puis celle de la succession d'Autriche, où l'on vit l'Angleterre entière
prendre l'intérêt le plus vif au sort de Marie-Thé-
rèse.

Quant à la guerre d'Amérique, qui amena celles
avec la France, l'Espagne & la Hollande, elles eurent
d'abord une grande popularité. A la fin, la nation de-
sira de se voir débarrassée de celle d'Amérique. Si le
peuple eût eu une influence directe, il est à présumer
que cette guerre là auroit finie une couple d'années
plutôt. Mais si pareilles choses sont inévitables dans
le systême représentatif, il se présente ici la question :
n'y auroit-il pas infiniment plus d'inconvéniens, si la volonté mobile du peuple avoit une influence absolue
et instantanée dans les affaires nationales les plus importantes ? Un grand empire d'Europe ne peut pas renoncer à toute liaison, à toute alliance avec les puissances étrangères. Il est des cas où il seroit infiniment

n'ont pas manqué de faire un grand effet, &
cela, fur-tout, en infpirant plus généralement

---

préjudiciable de rendre public le contenu entier des
traités. Les liaisons nécessaires pourroient fouffrir pro-
digieusement, si, en Angleterre, on vouloit denner au
parlement une plus grande influence légale fur la con-
clusion des traités, si la constitution devoit, fur ce
point, se perfectionner d'après des abstractions.

Les états héréditaires du roi d'Angleterre en Allemagne, font encore, aux vœux des annotateurs de Livingston, une matière à très-férieufes réflexions pour les
Anglais qui veulent le bien de leur pays. Selon eux,
le roi préférera toujours l'intérêt de fes états héréditaires
Allemands, à celui du royaume, puifque fon pouvoir
eft moins limité dans ceux-là que dans celui-ci. L'on
fait affez comment plufieurs démarches des deux premiers rois de la maifon de Brunfwick, ont été inter-
pretées de leur tems, par les écrivains anti-miniftériels;
mais, depuis 30 ans d'adminiftration de Georges III,
aucune oppofition ne s'eft encore avifée d'avoir recours
à des reproches de cette efpèce. Le règne entier du roi
actuel a fait voir, que le roi & l'électeur peuvent fort
bien jouer deux rôles différens, lorfque le bien des deux
états le demande. Les Anglais certainement n'ont aucune
raifon de fe plaindre des liaisons avec l'Hanovre, dont
les troupes ont été fi bien venues à Gibraltar & dans
Minorque. Depuis long-tems, comme nous l'avons dit,
ils ne le font plus, & par la nature des chofes, on ne
voit dans l'avenir, aucun mal qui puiffe en réfulter pour

une forte de dégoût pour la conftitution britannique & pour ce qui pouvoit lui être affi-
milé.

---

l'Angleterre. Pour prouver les dangereux effets de ces
liaifons, on allègue *l'union des princes*, où l'on chercheroit en vain la preuve qu'on prétend y avoir trouvée,
& que même aucun auteur Autrichien, n'a encore ofé,
y foupçonner.

Un autre grief contre la conftitution anglaife, c'eft
que la session annuelle du parlement n'eft fixée par
aucune loi. Mais, sans compter que tout ce que le parlement accorde d'important, il ne l'accorde que d'année à année, & qu'ainfi la convocafion annuelle devient
absolument néceffaire, les coutumes anciennes & bien
établies ne font-elles pas aussi partie de la constitution?

Enfin nos auteurs trouvent que, malgré que les fonds
pour l'entretien de l'armée ne foient jamais accordés que
pour un an, cette armée n'eft pas affez dans la dépendance du parlement. Par des subsides étrangers, difent-
ils, le roi pourroit se trouver en mesure de se paffer
de ceux de son peuple. Comme si, au premier avis d'un
pareil événeme t, toute l'Angleterre pourroit ne pas
se trouver en combuftion, aussi long-tems que l'esprit
public des Anglais sera ce qu'il est. Je parle tout exprès
de cet esprit, le seul capable de foutenir celui de la
constitution; car, fans lui, les constitutions les plus
fagement combinées, & les plus solides en apparence,
ne feront jamais que de beaux hochets.

Après ces insinuations pleines de sollicitude pour la
liberté des Anglais, l'on est tout étonné de voir ces

Rousseau, par son contrat social , a plus influé qu'aucun autre philosophe sur la nation françaife & sur les membres de l'assemblée nationale. La multitude de penfées excellentes répandues dans le contrat social ne pouvoient manquer de faire une impression profonde par la vérité des idées , & par la manière dont elles font préfentées. Mais l'on a trop souvent oublié ce que Rousseau lui-même oublie fouvent, que fes principes ne font applicables qu'à de petits états libres ; que , tout en pofant des règles générales , Rousseau fixoit fes regards fur un état particulier , fur Genève fa

---

auteurs témoingner leur grane mécontement de ce que le roi a le droit de difsoudre le parlement. Comme si la dissolution d'un parlement , étoit autre chofe qu'un appel à la nation !

C'est contre Delolme, que les notes déclament avec le plus de sévérité; mais les raifons dont y fait ufage font si foibles , que, si l'on n'a rien de plus fort à oppofer aux principes de Delolme , ceux-ci fé trouvent pleinement confirmés par ce que l'on en a dit ici. L'envie de ravaler un ouvrage célèbrr est marquante dans les notes; on l'y apperçoit à chaque pas.

Mais en voilà assez sur Livingston & sur ses commentateurs. Nous n'en aurions fait aucune mention, s'ils n'avbient trouvé en France , un si grand nombre de partifans.

patrie. Aucun peuple n'a montré l'envie , la fureur même de généraliſer, comme le peuple français. Au tems où l'opéra & les autres ſpectacles faiſoient ſa grande occupation , on n'entendoit, dans les entre-actes , que diſſertations ſur la nature & l'eſſence de la poéſie dramatique , ſur ſon origine chez les Grecs & chez les Romains. Et quelles diſſertations ! Point d'obſervations où ſe fit ſentir l'exactitude ; tout en raiſonnemens théoriques des plus ſuperficiels.

L'objet eſt changé aujourd'hui , mais ce goût, ce penchant ne s'eſt jamais montré avec plus de force. Ce que Rouſſeau a dit avec des reſtrictions , on l'a adopté ſans aucune reſtriction. La différence qu'il fait entre *la volonté générale*, et *la volonté de tous*, on n'a pas voulu l'appercevoir, & l'on a répété juſqu'au dégoût , *que la volonté générale ne peut errer.* Rouſſeau rejetoit le ſyſtême repréſentatif , & les Français ont fait triompher les idées américaines.

Ainſi , ſur un point eſſentiel , qui , il faut l'avouer, n'étoit abſolument pas appliquable à la France, ou s'eſt écarté de Rouſſeau, & l'on n'a pas craint d'adopter comme vraies , une multitude de choſes qui tenoient à ce point eſſentiel & en étoient inſéparables.

Raynal , Mably , et une foule d'autres auteurs , parmi lesquels peu de bons esprits , peu de vrais observateurs , mais , en revanche , beaucoup de colporteurs d'idées abstraites , beaucoup de charlatans politiques , ont exercé une action sensible sur la nation & sur ses législateurs. Quant aux sectes , celle des économistes a obtenu sur l'assemblée nationale , une influence , que , non seulement l'on ne peut méconnoître , mais qui est infiniment signifiante. L'on ne connoît guère en Allemagne le système physiocratique ou des économistes , que relativement au dogme de l'impôt unique , assis sur le produit net des terres ; impôt que les Allemands confondent souvent avec la contribution usitée dans plusieurs Etats , où elle a servi à maintenir une entière liberté de commerce. Pour ce qui est de leurs idées abstraites sur la législation , & de leur assertion que toute législation doit être ramenée au dévelopement du droit naturel sans que jamais elle puisse s'étendre plus loin , & encore de cette autre , que le monde ne peut être gouverné que par des principes évidens , --- ces idées , qu'on a vu se mettre en avant avec tant d'énergie dans la législation française , sont peu connues en Allemagne comme caractéristiques du parti dont nous parlons. Mercier de la Rivière est celui, qui le premier, les a présentées sous une forme systématique (1). Les économistes, qui, dans le principe, se réunissoient en corps, moitié société savante, moitié ordre secret, sous la présidence de Quesnay, ce docteur par excellence, & ensuite du marquis de Mirabeau, acquirent, sous l'administration de Turgot, & sur-tout par son attachement à leurs principes, un très-grand crédit. Les oppressions inouies qui tomboient sur l'agriculture & sur les classes les plus nombreuses de l'humanité, les procédés arbitraires & illégaux de la plûpart des ministres, dûrent donner à cette secte plusieurs hommes probes & loyaux pour partisans.

Pour voir plus à découvert les principales opérations de l'assemblée nationale, il a paru nécessaire de faire mention des écrivains les plus distingués qui ont donné le ton à la nation & à ses législateurs ; mais il est malheureux que plusieurs de ces écrivains aient raisonné de l'homme comme d'un être raisonnable, sans faire aucun retour sur ses passions

____

(1) L'ordre naturel et essentiel des sociétés politiques, 1767 _in_-4°.

& ſes habitudes , qui pourtant déterminent les actions des hommes, et , par cette grande rai-ſon , deviennent un des principaux objets du législateur. Sans doute on arrive peu à peu, au moyen d'une conſtitution & de bonnes loix, à agir ſur le caractère ; mais lorſque , au mo-ment de la confection de ces deux reſſorts , l'on ne s'inquiète nullement de ſavoir, s'ils ne ſont point trop en contradiction avec le ſujet ſur lequel ils doivent opérer ; lorſque , dans les inſtitutions nouvelles , on oublie de cal-culer ce que les paſſions & les coutumes op-poſent néceſſairement de réaction à toutes les conſtitutions humaines, il n'eſt guères poſſible de compter, ni ſur leur permanence , ni ſur leur utilité.

La grande idée , d'où tous les hommes de tête de l'aſſemblée nationale ſont partis, celle qui eſt devenue la ſource de tant de mal, eſt celle de vouloir refaire abſolument à neuf la conſtitution du royaume, à commencer même par les fondations. Mounier lui-même a ma-nifeſté cette idée dans ſes *nouvelles obſerva-tions ſur les états généraux*. Il peut être vrai, que, des anciennes inſtitutions , il y avoit peu ou rien à garder. Cependant il auroit été bien plus ſage de transformer l'idée de détruire un

vafte plan , en celle de procéder à un grand
plan de réforme. Combien de chimériques
projets ne devoient pas éclore dans l'effer-
vefcence de douze cent têtes, de douze cent
têtes françaifes , qui fe croyoient une voca-
tion non-conteftable au grand œuvre d'une
conftitution toute nouvelle ? Déjà l'on parois-
foit avoir pris la réfolution de tout détruire,
que l'on n'avoit pas même encore le preffen-
timent de ce qui feroit mis à la place. Il y
avoit , dans l'ancien , des abus groffiers qu'un
trait de plume pouvoit anéantir ; il n'étoit befoin , là , d'aucun remplacement.

La iberté perfonnelle étoit fi peu refpectée
en France , elle avoit été fi expofée à la pétulance des lettres-de-cachet, que fon rétablif-
fement étoit devenu l'un des vœux les plus
chers du peuple , & faifoit un des premiers
objets de l'affemblée nationale. Au lieu de s'y
borner, & d'articuler quelque chofe de bien
déterminé, on en vint à donner une théorie
des droits de l'humanité, pour fondement de
toute la conftitution. Ce projet devint le projet favori, & c'eft ainfi que vit le jour, *la dé-*
claration des droits de l'homme en fociété ; déclaration, qui ne fourmille pas , il eft vrai,
de principes abftraits & de demi-vérités, comme

le projet qui en avoit d'abord été présenté par Sieyès, mais qui, toutefois, en renferme encore beaucoup trop, dont la mes-entente devoit causer & a effectivement causé les plus grands désordres. Le commencement du premier article dit : *les hommes naissent & demeurent libres & égaux en droits.* Suivant toute apparence, cela doit s'entendre du droit naturel ; mais une proposition de ce genre, décrétée solemnellement par la puissance législative, & répandue *pour cause*, dans le peuple comme un point catéchistique, ainsi que le demande l'introduction à la déclaration, comment ne devoit-elle pas être mes-entendue ? La populace de tous les pays, que sait-elle du droit naturel ? Que lui fait ce droit, puisqu'elle vit en société, & ne demande que l'amélioration de son état social ? Le peuple pouvoit-il s'imaginer, que cette vérité, si c'en est une, cesse dans tout état social, d'être une vérité ? Ne devoit-il pas plutôt se persuader que l'égalité des hommes venoit d'être avouée & établie, & que par conséquent les droits de propriété & de succession, qui sont incompatibles avec cette égalité, venoient d'être abolis ? Aussi a-t-on vu, dans plusieurs provinces, les classes pauvres, impatientes de ce

que les propriétaires ne vouloient pas l'entendre ainsi, s'ameuter, se liguer, & commettre
les plus monstrueux excès, pour soutenir une
vérité, qui selon elles, avoit été reconnue par
la souveraine puissance. De grandes distinc-
tions ne sont provenues que d'une mauvaise
interprétation de la déclaration des droits ;
c'est ce qu'à prouvé une lettre insérée dans le
Journal de Paris. Cette lettre, qui n'étoit pas
d'un aristocrate, ne trouvoit point d'autre cause
que le mesentendu dont je parle, & cherchoit
à rectifier le peuple sur le véritable sens des
décrets. Une autre preuve d'une mauvaise interprétation semblable, se donna dans la hon-
teuse journée du 5 octobre, où la lie du peuple
parisien parut à l'assemblée nationale, & mani-
festa son opinion sur les droits de l'homme,
& son égalité par le dire universellement connu :
quoique vous en dites, nous sommes tous frères.

Au moment où la déclaration fut décrétée,
la licence & le mépris de la puissance légitime
qui s'étoit fait respecter autrefois, régnoient
déjà parmi le peuple. Il convenoit, par cette
raison, de mettre un frein à cette licence, &
non de lui prêter de nouvelles armes. Mounier vouloit aussi que la déclaration des droits
ne fut rendue publique qu'après l'achèvement

de la constitution , & comme pour lui servir de préambule. Lally a souvent parlé contre les idées abstraites en général , & s'est opposé à ce qu'on en fit entrer dans la déclaration. Malouet fit sentir le grand inconvénient de donner à un raisonnement métaphysique la place & la forme d'un décret. Certes , la grande charte des Anglais , qui ne fut pas l'ouvrage de philosophes , mais de guerriers ignorans & barbares , a infiniment plus de précision & parle infiniment mieux la langue des loix , que cette nouvelle charta magna des Français. Dans le *bill of rights* de l'Angleterre, & qui fut dressé dans un tems , où , malheureusement , les subtilités scholastiques infectoient tous les débats , l'on a eu le sage soin d'éviter les premiers principes du droit naturel & du droit public universel. *Les bills of reights* des Américains se rapprochent aussi beaucoup plus de celui de l'Angleterre & de sa grande charte , que la déclaration française des droits de l'homme (1).

____

(1) Burke dit de cette déclaration, dans le discours que nous avons déjà cité : They made and recorded a sort of institut and digest of anarchy, called the rights of man, in such a pedantic abuse of alemen-

Les 19 articles de la conftitution, qui furent préfentés à la fois à l'acceptation du roi, font courts, bien liés & clairs. Le premier de ces articles énonce, que tous les pouvoirs émanent effentiellement de la nation. Autant cette propofition eft vraie, & autant il pouvoit être bon de la faire entendre à ces grands, qui aimoient à fe perfuader que le peuple n'exiftoit que pour être mené par eux, autant falloit-il, ce me femble, pour prévenir tout méfentendu, y ajouter, fur-le-champ, que la nation en corps

---

tary principles as would have disgraced boys at fchool; but this declaration of rights was worse than triffing and pedantic in tham; as by their name and authority they systematically destroyed every hold of anthority by opinion, religions or civil, on the mind of the people. By this mad declaration the subverted the state.

Au furplus, ce que Burke pense de l'ancien régime de la Francee, on n'a qu'à jeter les yeux sur cet éloquent passage : Though the despotism of Lewis the 14 was proudly arrayedin manners, gallartry, splendor, magnificence, and even coverd over with the imposing robes of science, literature, and arts, il was, in governement, nothing better than a painted and gilded tyranny; in religion, an hard stern intoléranse the fit compassion and auxiliary to the despotic tyrany which prevaild' in ints governement.

ne pouvoit pas exercer la puiſſance, & ne devoit jamais l'exercer. Mais, autant l'on pro-diguoit d'ailleurs les principes, autant ſe mon-troit-on ſoigneux de tenir en réſerve les expli-cations par leſquelles la nation ou les ambi-tieux de la nation, ſe ſeroient trouvés gênés dans les droits qu'ils s'arrogeoient. Le prin-cipe *que tous les pouvoirs appartiennent à la nation* fut un de ceux que l'on careſſa le plus, & il s'eſt répété juſqu'à l'ennui, à toutes les occaſions qui s'en ſont préſentées. Plus les chefs du parti démocratique gagnèrent de terrein dans l'aſſemblée nationale, plus l'on entendit, par puiſſance de la nation, celle de ſes députés.

La diviſion des trois pouvoirs légiſlatif, exécutif & judiciaire, que l'on avoit emprun-tée de Monteſquieu, & à laquelle on reve-noit toujours, dès qu'il s'agiſſoit de mettre des bornes à la puiſſance royale, étoit aiſément perdue de vue, lorſqu'il étoit queſtion de la toute-puiſſance de la nation, c'eſt-à-dire de ſes plénipotentiaires. Un principe trop étendu faiſoit céder la place à un autre. Monteſquieu avoit ſagement ajouté à la diviſion & à la ſépa-ration du pouvoir légiſlatif & du pouvoir exécutif, que celui ci devoit concourir avec le premier, par le droit d'en rejetter les réſolutions, fans quoi il courroit rifque d'en être englouti. L'expérience a toujours confirmé cette théorie de Montefquieu puifée dans la conftitution de l'Angleterre; mais, en France, il a été décidé que le roi n'auroit aucune part à la conftitution, que tous les articles en feroient préfentés à fon acceptation, non à fa fanction. L'on y a encore pris la réfolution de n'accorder au monarque qu'un fuffrage fufpenfif pendant deux légiflatures, pour toutes les loix réglementaires que l'affemblée nationale lui préfenteroit. L'on fait comment Mounier & Lally ont combattu contre le veto fufpenfif, & comme quoi tous les deux ont foutenu que le roi devoit avoir une part illimitée au pouvoir légiflatif, par le droit abfolu de refufer fon acceffion aux décrets de celui-ci. Le peuple, qui fi long-tems avoit éprouvé les rigueurs de l'autorité royale, pouvoit être pardonnable de chercher à la limiter avec févérité; il n'en connoiffoit & n'en craignoit que l'abus: mais on avoit droit d'attendre des légiflateurs d'un grand empire, qu'ils ne partageroient pas les préjugés du peuple, & qu'ils ne tireroient pas l'état d'un abîme, pour l'expofer, avec le tems, à fe précipiter dans un autre. Il eft pourtant vrai, que, fûr ce point comme fur beaucoup d'autres, l'affemblée nationale ne s'eft pas élevéc au-deffus des idées, qui, pour le moment, dominoient la nation. Fixée fur le paffé, fes regards n'ont pu s'étendre fur l'avenir : l'on a redouté la volonté d'un feul, & l'on n'a pas voulu preffentir le mal d'une ochlocratie. Par la manière dont cette affaire a été décidée, le roi n'eft plus en mefure de s'oppofer aux empiétemens de l'affemblée nationale. Il eft dans la dépendance abfolue de cette affemblée, dans la dépendance de fa générofité, lui, qui eft auffi le repréfentant du peuple, & qui, quoique repréfentant héréditaire, ne l'eft pas moins que les députés eux-mêmes; l'affemblée peut le rabaiffer à l'état malheureux d'un petit roi en peinture. Combien chaque affemblée nationale n'aura-t-elle pas de moyens indirects & fouverainement efficaces, de s'affurer de l'acceffion du roi? Il n'avoit qu'un feul & unique moyen de mettre à couvert la puiffance qui lui a été confiée pour le bien de l'état ; & on le lui a ôté. Le voilà donc fans rempart, fans défenfes, lorfqu'il eft fi aifé à un démagogue aftucieux de tenir, pendant trois légiflatures, le peuple dans l'égarement. Le premier des démagogues de nos jours, Mirabeau, avouoit lui-même avec franchife (1), qu'il aimeroit mieux vivre à Conftantinople qu'en France, fi les loix devoient fe faire fans le confentement du roi. Cet homme a joué un trop grand rôle dans l'hiftoire de la révolution de France, pour que nous puiffions nous permettre de n'en pas faire ici une mention particulière.

Doué de talens extraordinaires, auxquels il fait commander dans tous fes tems, il brillera toujours dans une affemblée nombreufe, fur tout au milieu d'un peuple vif & facile à émouvoir. Il peut prétendre au rang d'un obfervateur de la première grandeur & d'un efprit qui connoît les hommes, quoique, fouvent, il n'y regarde que de côté, & pour en effleurer la furface. Mais, avec toutes les conceptions brillantes qui s'échappent de fon ame, comme l'éclair s'échappe d'un nuage électrique, il n'eft pas l'homme qui fut propre à fonder une conftiturion d'après les circonftances, & en prenant les hommes tels qu'ils font. Suppofons une grande prédilection pour des théories qui ne font appuyées d'aucune expérience, avec une incohèrence de principes dans lefquels il fe contredit fouvent de la

---

(1) Voyez les pièces juftificatives de Lally, p. 136.

manière la plus marquée, & nous aurons les
traits principaux de son génie. Et, quand on
n'auroit rien de défavorable à mettre sur le
compte de son caractère, on n'en seroit pas
moins reçu à dire, que jamais Mirabeau n'a
pu être considéré, ni comme la colonne d'un
état à constitution', ni comme celle d'un état
constitué. Détruire & troubler, voilà son élé-
ment. Je ne m'arroge pas le droit de décider,
quels étoient ses plans ? s'il en avoit ? ou s'il ne
faisoit que suivre son penchant naturel à la sub-
version & aux commotions violentes ? Je ne
me flatte pas d'en savoir autant que ses misé-
rables brochuriers qui sont toujours instruits
de tout, & qui même n'ignorent rien de ce
qui se passe dans le secret du cabinet du roi
mais personne ne sera reprochable pour avoir
été induit à croire, que toutes les démarches
de Mirabeau tendoient à favoriser les vues
cachées du duc d'Orléans, & à s'ouvrir une
place au ministère. Toujours est-il qu'avec ou
sans plan, il est devenu la source principale
d'une infinité de maux. C'est lui qui s'est particulièrement opposé à ce que l'on mit à tems,
des bornes aux violences d'un peuple effréné ;
c'est lui qui a favorisé au contraire ces violences, & qui, le 6 octobre, absorbé dans son

insensibilité profonde, ne craignit pas de témoi-
gner qu'il étoit au-dessous de la dignité du pouvoir législatif de se rendre chez le roi ; envain
voudroit-on observer qu'en se montrant outré
sur plusieurs points, il a opéré beaucoup de
bien & anéanti les vues des partisans du despotisme. Certes, l'on n'avoit pas besoin de ce
tribun, pour incendier les têtes combustibles
de l'assemblée nationale, ou pour échauffer,
par des reproches sans fondement, contre les
ministres & les aristocrates, l'esprit d'un peuple
agité & déjà trop ardent.

La séparation du pouvoir législatif & de la
puissance exécutrice, non-seulement s'est montrée comme idée dangereuse dans le veto sus-
pensif, mais elle l'est encore devenue davantage par-là qu'on a refusé aux ministres du
roi le droit de séance & de vote à l'assemblée
nationale. J'ai déjà fait voir plus haut le préjudice résultant de ce que Necker ne s'étoit pas
fait élire pour cette assemblée. Peut-être regar-
doit-on alors comme au dessous de la dignité
ministérielle d'être député aux états ; peut-être
s'arrêtoit-on trop aux derniers états-généraux,
& au crédit que les ministres y avoient eu.
Mais après la révolution, l'assemblée nationale,
à son tour, regarda comme au dessous d'elle

de donner aux miniſtres, l'honneur d'y ſiéger comme membres. La crainte d'une influence pareille à celle qu'ont les miniſtres dans le parlement d'Angleterre, a été ſans doute le grand motif de l'aſſemblée nationale, qui, de cette façon, pour éviter un mal, s'eſt jetée dans un autre infiniment plus grand ; l'on ne peut disconvenir, qu'en Angleterre, le miniſtre, en uſant de moyens de corruption, tantôt délicats, tantôt groſſiers, mais le plus ſouvent de la première eſpèce, ne parvienne à gagner ou à conſerver un grand nombre de voix dans le parlement ; mais il eſt faux, malgré qu'on ne ceſſe point de le répéter, que les miniſtres ne règnent que par ce moyen. La voix du peuple, qu'on n'achète pas long-tems, eſt ſi puiſſante, que, juſqu'ici, elle a toujours ſu percer, & que ceux des miniſtres, pour qui elle n'étoit pas, ont toujours été obligés de lui céder, ſinon ſur le champ & à l'inſtant où elle ſe faiſoit entendre, au moins lorſqu'elle s'élevoit avec plus de force. Dans l'intervalle, il peut ſe faire quelque mal ; mais il ſeroit bien plus grand ce mal, ſi, à la première clameur publique, des miniſtres étoient immanquablement culbutés. Les nations ſont auſſi aiſées à égarer que les individus. La vo

lonté générale eft une chofe à laquelle on ne
peut pas fe fier dès le premier moment ; &
par cette raifon , il ne faut pas qu'elle déploie
d'abord de l'activité, fans quoi il n'y aura plus
de folidité dans le gouvernement , plus de
cette cohérence qui lui eft fi effentielle. Cette
confidération fuffit feule à faire regarder
comme inadmiffible le projet de Bergaffe, qui,
pour prévenir toute corruption , vouloit que
les députés à l'affemblée nationale puffent être
rappelés à volonté par la majorité de leurs
commettans. Cela peut avoir lieu , fans inconvéniens auffi fenfibles, dans des états con-
fédérés ; cependant les Amérciains ont encore fait preuve de fageffe à cet égard , en
rejetant, pour donner plus de folidité à leur
congrès & plus de plan à fes décrets , toute
idée de révocabilité pour les députés qu'on y
envoie. Si , dans la province de Hollande,
les députés des villes aux affemblées provinciales font rappellés, à bon plaifir , par cha-
cune des villes qui les ont envoyés , ce qui
fe pratique également en Flandres pour les
députés du tiers-état, il ne faut pas oublier,
qu'en Hollande , chaque ville forme un Etat
dans l'Etat , fait une petite république à part ,
& que cela a beaucoup nui aux arrangemens

de ce pays contre ſes ennemis internes & ex-
ternes, en ôtant à ſes décrets la force qui devoit réſulter de leur unité.

Mais ſi la voix publique s'élève ſouvent à
faux, elle n'eſt pas long-tems l'organe du
menſonge dans les Etats ou la libre commu-
nication des idées, par le moyen de la preſſe,
eſt autoriſée & permiſe. L'effet de cette voix
ainſi ſoutenue, s'eſt manifeſtée ſouvent en An-
gletetre : une multitude de meſures auxquelles
il a fallu renoncer, pluſieurs miniſtres qui
ont pris forcément le parti de quitter leurs
places, ont mis cette vérité en évidence.
Mais il ne faut pas regarder d'abord comme
la voix du peuple ce que des feuilliſtes veulent faire paſſer pour tel.

En France, pour eſquiver tout danger dont
l'influence miniſtérielle menace quelquefois ;
on a eu recours à l'autre extrême ; on n'a
point accordé aux miniſtres ſcéance & vote à
l'aſſemblée nationale, & l'on a interdit aux
députés, d'accepter aucun emploi de la main
du roi, même en donnant leur démiſſion
comme députés (1). Par cette meſure, l'on a
détruit l'unité néceſſaire & l'harmonie qui doit

____

(1) A l'occaſion du commandement conféré au duc

exifter entre le pouvoir législatif & les premiers organes du pouvoir exécutif; on les a mis dans une opposition permanente. N'eſt-il pas souvent impoſſible de bien exécuter une idée importante qui se trouve en contrariété avec nos ſentimens ? Les miniſtres, par leur excluſion de l'aſſemblée nationale, ne ſont-ils pas ravalés à la claſſe de ſubalternes impuiſſans ? On leur a ravi l'honneur & toute énergie puissante. Se trouvera-t-il encore, par la ſuite, des hommes d'un caractère élevé, qui veuillent de ces places ? Tout ambitieux ne cherchera-t-il pas à entrer dans la chambre des repréſentans du peuple, plutôt que dans le cabinet du roi? Et ſi les émolumens miniſtériels font donner la préférence au cabinet, que faudra-t-il penſer de la vileté de ce motif? les ministres font avilis; ils ont perdu cette conſidération dont ils jouiſſent chez toutes les nations.

On auroit pu ſonger à les avilir, s'il étoit poſſible d'effectuer de grandes choſes, avec des hommes capables d'endurer une pareille dégradation. Mais l'Aſſemblée nationale a beau vou-

---

de Biron, on a trouvé bon de faire une exception en diſant, qu'une place de commandant n'étoit pas emploi.

loir rendre les Miniftres plus infignifians , en les foumettant à de plus dures prefcriptions, il eft dans la nature des chofes, que celui qui, dans les affaires les plus importantes , eft chargé de l'exécution, refte en poffeffion d'une grande influence ; influence qui doit dèvenir plus pernicieufe , à raifon des effets que l'on fait pour priver l'homme du droit qu'il a à l'eftime publique : tous ces efforts n'aboutiffent qu'à lui faire trouver de préjudiciables moyens de dédommagement. Il doit arriver fort fouvent que l'Affemblée nationale ne fe trouve pas en état d'appercevoir l'enfemble de plufieurs affaires, comme le voit le Miniftre , qui, par une familiarifation plus foutenue & plus intime, en a faifi & fuivi le fil. C'eft un mal auquel on a cherché à remédier par-là que les Miniftres paroiffent de temps en temps à l'Affemblée, & s'y expliquent fur les objets qui ont befoin de leurs explications. Mais que ce moyen eft infuffifant ! Il arrive à tout bout de champ de ces chofes, qu'un mot des Miniftres, à qui feuls viennent les avis officiels fur l'état actuel de toutes les parties du Royaume, préfenteroit fous un tout autre jour. Cherchons un exemple dans les Colonies. Combien de nouvelles partiales n'en reçoivent par les particuliers ! Celles officielles

n'ont pas toujours, j'en conviens, l'incontesta-
bilité pour elles ; mais celui qui, par état, est
responsable des avis qu'il donne pour vrais , est
nécessairement sur ses gardes, & ne hasarde pas
ce qu'ose un particulier écrivant à un particulier.
On ne s'inquiète pas fréquemment de ces rapports officiels, quand il n'y a personne qui soit
là pour en insinuer en tout temps le résultat. Les
communications par lettres, que les Ministres
font à l'Assemblée , arrivent souvent trop tard ;
& lorsqu'il s'agit de présenter quelque plan, se
peut-il que l'éloignement de ces Ministres ne
soit pas préjudiciable ? On leur applaudit quand
ils y viennent, on leur applaudit encore quand
ils s'en vont ; mais à peine se sont-ils retirés ,
que mille objections se font contre leurs ouvertures ou contre leurs propos. Ils ne peuvent pas
y répondre, puisqu'ils ne sont pas en présence.
Mirabeau n'a-t-il pas mis à néant l'emprunt de
30 millions proposé par Necker, en en diminuant
l'intérêt , mais principalement en mettant le
public en état de juger jusqu'à quel point le
crédit du Ministre étoit tombé dans l'Assemblée
nationale ? Si Necker se fut trouvé présent aux
débats , il est probable que son projet auroit été
adopté sans aucun changement.

En général tout est guindé, forcé, contourné

dans le rapport où fe trouve aujourd'hui le Miniſtre avec les Repréſentans de la Nation C'eſt tout autrement en Angleterre. On lui fait fouvent les reproches les plus amers dans la chambre des communes ; mais c'eſt en face qu'on les lui fait ; c'eſt un député de la nation qui accuſe le miniſtre, auſſi député de la nation : l'accuſateur & l'accuſé ont là le même droit. Mais que l'on compare avec cette poſition la ſcandaleuſe diſpute fufcitée à Necker par le comité des penſions, au ſujet du livre rouge ! On y remarque, de part & d'autre, un langage incongru, qui n'a d'autre cauſe que le dérange-ment abſolu du rapport dans lequel devroit ſe trouver le miniſtre vis-à-vis des députés. Le plus mince de ces députés, en partant de l'anéantiſ-ſement dont on a frappé la couronne, doit mettre ſa gloire à humilier le miniſtre, à donner par-là des preuves de ſon patriotiſme. Les ap-plaudiſſemens ne lui manqueront jamais. Il n'eſt pas permis aux miniſtres de répondre dans le ton de l'attaque ; le député eſt une perſonne facrée, & eux ne ſont que les miférables ſer-viteurs du pouvoir exécutif. N'a-t on pas répété fouvent dans l'Aſſemblée que les miniſtres ſont la claſſe la plus mépriſable des hommes ? Cela pourra ſe vérifier, lorſque ceux qui ont encore aſſez de courage pour ne pas abandonner le vaiſſeau de l'état dans le danger qui l'environne, auront renoncé à leurs places. On doit contrôler les miniſtres, on doit épier toutes leurs démarches; mais il faut les tenir à la hauteur des députés, afin qu'ils ne ſentent pas, d'une manière trop aviliſſante, leur dépendance de ceux-ci. L'excluſion donnée aux miniſtres à l'Aſſemblée nationale eſt le mal le plus funeſte que jamais les théories, que jamais le principe de la ſubordination du pouvoir exécutif au légiſlatif, aient pu enfanter. Mais telle eſt la puiſſance des idées qui portent une certaine empreinte de la vérité, que, même des hommes éclairés, probes, dignes d'admiration, comme Mounier & Lally, paroiſſent n'en avoir pas apperçu les conſéquences, & qu'on ne voit nulle part qu'ils aient fait ſentir la néceſſité de donner aux miniſtres ſcéance & voix à l'Aſſemblée nationale, ou le droit de s'y faire élire comme députés.

La même excluſion donnée à tous les autres agens du pouvoir exécutif n'eſt pas moins préjudiciable. L'intention y a été également de tenir l'Aſſemblée nationale libre de toute influence de la couronne. Cette intention étoit louable; mais il faudroit que la ſcience du gouvernement ne fut pas une ſcience; il faudroit que l'on put

s'y

s'y paſſer de cette connoiſſance exacte des affaires, qui ne s'acquiert que dans les emplois ; il faudroit que des vues pures & droites , qui ſouvent ſe trouvent inſuffiſantes , alors même qu'elles ſont accompagnées du jugement le plus ſain , ne rencontraſſent jamais rien de grandement embarraſſant ; il faudroit enfin que les notions ſpéciales ſe trouvaſſent toujours ſuperflues.

Les gentilshommes de la campagne ſont , au total , les Membres les plus incorruptibles du Parlement d'Angleterre ; cependant mal en prendroit à la Grande-Bretagne , s'il n'y avoit que des gentilshommes campagnards dans la Chambre des Communes. Ces hommes-là ſont les plus ſuſceptibles d'égarement dans les affaires épineuſes ou embrouillées , que l'importance rend encore plus délicates. En général, le manque de lumières a plus fait de mal que la mauvaiſe volonté. D'où viendront les bons ſerviteurs de l'Etat, ſi les plus habiles ſont dans l'Aſſemblée, & qu'il faille que l'Etat s'en paſſe pour ſes emplois les plus importans ? D'ailleurs , l'eſprit des fonctionnaires ne peut que perdre à ce que l'entrée au Temple de la législation leur eſt fermée. En Angleterre, l'eſprit de corps des grands Fonctionnaires de l'Etat s'eſt, pour ainſi dire, amalgamé avec celui des Repréſentans de la

G

Nation, par la raison que beaucoup de ces grands Fonctionnaires siégent au Parlement. Cependant, pour mettre des bornes à l'influence des Fonctionnaires, on n'a pas oublié de prendre des précautions : il est un grand nombre d'Officiers publics qui ne peuvent pas prétendre à entrer au Parlement. L'on pouvoit, en France, faire le même arrangement.

La *self denying ordinanze*, le Décret, par lequel aucun des Députés à la légiflature actuelle ne pouvoit plus accepter de place dans le miniftère, pouvoit être bon pour anéantir les vues de Mirabeau ; mais, qu'on me dife, fi, au Parlement Britannique, il ne réfulte pas des ménagemens souverainement utiles & des plus nécessaires envers la puiffance exécutrice, de la poffibilité, même très-éloignée, qui refte aux chefs de l'oppofition d'arriver au miniftère ? L'intérêt propre de leurs adverfaires raffure les Miniftres contre les limitations exagérées du pouvoir exécutif. L'on n'a voulu y avoir aucun égard en France ; & delà vient que les paffions des Députés ne tendent qu'à détruire l'autorité de quiconque fe trouve en charge.

L'influence de la Couronne, cette influence fi néceffaire au bien du tout, a trop été diminuée en France. L'on y a même voulu ôter léga-

lement au Roi, s'il étoit poffible, toute apparence extérieure de pouvoir.

Par le Décret fur le droit de déclarer la guerre
& de faire la paix, la Couronne, dans le fond,
n'a pas perdu beaucoup; car, fur ce point,
l'Affemblée nationale, comme le Parlement
d'Angleterre, devoit toujours influencer de la
manière la plus puiffante, quoique médiatement.
Pourquoi ne fe contentoit-on pas de ce que l'on
s'étoit donné par le droit d'accorder ou de refufer
des fubfides, & par la refponfabilité des Miniftres? On a enlevé au Roi jufqu'à l'ombre de
la puiffance : c'étoit le moyen d'exciter, fans
raifon, fon irritabilité & celle de fes partifans.
Pourquoi borner le Roi au-delà de ce que
l'utilité demandoit? Un Roi, qui fent toujours
fes chaînes, eft un être inutile, & même dangereux. Tout l'aiguillonne à tourner contre la
Conftitution la foibleffe même que lui donne
un vain titre. Combien de fois la Suède n'en
a-t-elle pas fait l'expérience?

Par le retrait de la nomination aux dignités
eccléfiaftiques & aux charges de judicature;
par le projet au fujet de l'armée, d'après lequel
le Roi ne peut nommer que la moitié des
Officiers, le pouvoir exécutif a perdu la majeure
partie du droit d'accorder des récompenfes. Quant

G 2

aux charges de judicature en particulier, cela est d'autant plus surprenant, qu'il n'est point du tout vraisemblable que le peuple obtienne par-là des Juges plus indépendans & plus éclairés. La destruction des Parlemens pouvoit être nécessaire ; ils étoient chargés de la haine universelle, & peut-être juste, de la Nation. Mais voici une autre question : étoit-ce au moment où les affaires les plus pressantes donnoient déja assez d'occupation ; au moment, où l'on devoit redouter le plus la dépense qu'exigeroit le remboursement de la finance de tant de charges, qu'il falloit entreprendre cette réforme, & s'engager dans un champ trop vaste, dont la vue ne mesuroit pas l'étendue ? Et ce qui, peut-être, est encore plus important, est-ce que, par l'admission du plan de Duport (1),

---

(1) Les idées principales de ce plan se trouvent déja dans le *Mémoire sur l'organisat on du pouvoir judiciaire,* que Bergasse, comme Membre du premier Comité de Constitution, avoit composé. Bergasse vouloit que les Assemblées provinciales présentassent au Roi trois sujets pour chaque place vacante à un siége de judicature. La présentation d'un plus grand nombre n'a pas été adoptée. Garat le jeune dit, à ce sujet, dans le Journal de Paris : *La présentation de trois Juges au Roi ne dérive*

que l'Assemblée a adopté en grande partie ; est-
ce que, par-là, que le peuple doit élire ses Juges
pour six ans, & avoir la liberté de les laisser

---

d'aucun principe, n'est qu'un arrangement, qu'un ac-
commodement. Comme si une chose étoit moins bonne,
pour ne pas se laisser déduire d'un principe abstrait !
Au reste le mémoire de Bergasse n'est point écrit sur le
ton d'un homme qui doit présenter à la législation
suprême, dont il est membre, des projets de réforme,
mais dans l'esprit d'une dissertation académique. Au
lieu de commencer par dévoiler les vices de l'administration présente de la justice ; il y débute par des principes abstraits, & y mêle Athènes, Sparte & Rome,
chose bien pardonnable dans un François. Parmi les
idées occasionnelles qu'il y a fait entrer, on pourra
remarquer celle qui tend à abolir la peine de mort, &
puis celle de ne pas tolérer plus long-temps que les
Avocats fassent un ordre. Presque tous les ouvrages des
François sont malheureusement remplis de principes
demi-vrais, qu'ils laissent dans toute leur abstraction ;
ceux du respectable Mounier ne sont pas même exempts
de ce défaut ; & je ne connois que Lally qui fasse ici
exception. Quant à Bergasse, il est, en cela, un des
plus terribles, quoiqu'il ne soit pas un des plus dérai-
sonnables. Dans ses écrits, & particulièrement dans la
dernière moitié de son *Discours sur la manière de limiter*
le pouvoir exécutif & législatif, on trouve d'excellentes
observations ; mais le moyen d'expliquer, par exemple,
ce qu'il allégue comme la grande raison, pourquoi il

G

dans leurs fonctions pour six autres années, l'on atteint mieux le but qu'on doit se proposer dans les affaires de justice ? Le peuple, quoiqu'il ne choisisse ses Juges que par ses Députés aux Elections, n'a pas ce qu'il faut de facultés pour être en état de juger si un homme est foncièrement instruit dans une partie qui demande des connoissances très-savantes. Je sais bien qu'à en croire plusieurs de nos livres à la mode, la Jurisprudence ne doit plus prétendre à s'honorer du nom de science ; mais Schlosser & Hugo ont dit tant de bonnes choses là-dessus, que je me dispense de répondre à cette idée ; or ce que le peuple ne peut pas, les Députés aux Elections ne le pourront pas davantage. Que sont, en effet, ces Députés ? En admettant ce qu'il y a de plus favorable, nous les envisagerons comme les plus raisonnables & les plus droits individus de chaque Assemblée primaire ; mais qui, néanmoins, n'étant, pour la grande partie, que des hommes non-lettrés, ne seront pas à même de juger si

---

ne veut pas prêter son serment civique ! Il ne peut, dit-il, jurer le maintien d'une Constitution qui n'est ni monarchique ni républicaine ; puis il ajoute : *Pourquoi prétendez-vous me contraindre à jurer de mainten'r une chose que je ne peux pas définir ?*

tel possède le degré de savoir qui convient à un Juge. L'on pensera peut-être qu'un examen pourra fermer la porte des Tribunaux à des sujets dont l'ignorance sera ainsi reconnue & constatée ; mais d'abord il n'y a encore rien de décidé, que je sache, au sujet d'un pareil examen : ensuite, cela pourroit bien ne pas suffire, car c'est une chose assez singulière qu'un examen : si, dans un corps, on n'est pas strictement résolu de le prendre à la rigueur, ces examens ne sont plus que des farces ridicules : & j'avoue que je me défie un peu de cet esprit collégial en France, attendu qu'au premier évènement on ne manqueroit pas de crier au despotisme du corps. D'un autre côté, il est très-incertain qu'il se présente, pour les places de Juges, un grand nombre de candidats méritans. Un homme qui se fait de l'argent, soit par la pratique, en exerçant en qualité d'Avocat, soit en ménageant d'autres affaires, aura quelque peine à se mettre hors de liaisons lucratives, pour l'espoir peut-être trompeur de se voir réélu après qu'il aura siégé six ans: Cette installation pour six ans n'aura-t-elle pas une influence dangereuse sur l'indépendance des Juges ? Le grand nombre aura-t-il assez de courage pour ne pas s'inquiéter de ceux qui pourront être choisis pour la nouvelle élection, & qui, en plusieurs endroits, seront à-peu-près toujours connus d'avance ? Qui alors ne craindra pas d'avoir à porter, devant des Juges ainsi dépendans, quelque cause contre un homme distingué de l'Assemblée primaire ? Les amis allemands des nouveaux arrangemens de la France, disent, en faveur de l'élection des Juges faite par le peuple, qu'en plusieurs provinces d'Allemagne où les Colléges de justice sont très-bien composés, les Etats provinciaux nomment à un grand nombre de places. Mais je trouve d'abord entre des Etats provinciaux & des Députés d'une Assemblée primaire, une différence énorme : dans celle-ci, la majorité est nécessairement de non-lettrés : dans les Etats provinciaux, au contraire, où la pluralité des suffrages est du côté des hommes de lettres ; ou, si cette pluralité est du côté opposé, les hommes de lettres, quoiqu'ils n'y fassent pas le plus grand nombre, y ont toujours une grande prépondérance. Ensuite les examens sévères & rigoureux, qui sont en usage dans la plupart des Etats de l'Allemagne, défendent aux ignorans d'aspirer aux places dont il s'agit. Pour les Etats d'Allemagne, les présentations des Etats provinciaux pour remplir des places de judica-

ture, font d'une très-grande importance, non
pas parce que de cette façon la juftice y eft
mieux adminiftrée, cela pouvant fe faire tout
auffi bien dans les pays bien organifés où le
Prince a feul la nomination ; mais par la raifon
que dans les pays où il y a peu de liberté conf-
titutionnelle, c'eft un bonheur que tous les moyens
d'établiffement ne foient pas dans l'entière dépendance du Gouvernement, qu'il y ait plus
d'une voie que celle d'une volonté unique,
pour parvenir à être utile à fon pays, & à fe
procurer en même temps un entretien conve-
nable. D'ailleurs cela fert encore à entretenir
l'indépendance de l'efprit ; mais ce n'eft pas de
ce dernier avantage que la France peut avoir
befoin. L'on dira encore que, dans plufieurs
villes municipales de notre patrie, les Magiftrats
font élus par les corps de bourgeoifie ; mais
cela ne vient nullement à l'appui de la nouvelle
organifation des Tribunaux en France. Les
Magiftrats (cela veut dire les Municipalités)
décident auffi des affaires de juftice, au moins
pour l'ordinaire ; mais ils ne font Juges qu'en
première inftance, en quoi la dignité paternelle
eft, pour les baffes claffes du peuple, d'une
auffi grande importance que l'étude du droit.
D'un autre côté, le fyndic, de qui dépend

presque tout dans les caufes civiles, n'eft point élu par la bourgeoifie, mais par le confeil, qui, en tout cas, peut mieux juger des talens, des lumières & du favoir, ou bien il eft à la nomination du Prince.

Les bons juges ne peuvent fe former dans un pays, en y fuppofant même la févérité des examens, qu'alors qu'un grand nombre d'individus peuvent s'attendre, du côté de la judicature, à un établiffement folide. Il faut à cela un point central, & ce point ne peut mieux être placé que dans les mains du gouvernement; fur-tout dans un pays, où celui-ci eft contrôlé avec une fcrupuleufe exactitude. Les juges, en Angleterre, font établis par la cour, & ont prefque toujours été les hommes les plus dignes, les plus habiles, les plus éclairés du royaume. L'efpoir d'un établiffement folide eft devenu, en France, la chofe du monde la plus incertaine. Il y aura, dans une province, dix bons fujets, tenant à tout ce qui peut avoir du poids; un feul a la poffibilité d'être élu: dans une autre province, un fort mauvais fujet, mais qui a des amis, des parens, l'emportera fur des concurrens, qui, tous, valent infiniment mieux que lui, mais qui ne font ni por-

tés, ni appuyés. (1) S'il arrive que des juges
élus pour six ans soient confirmés dans les élec-

---

(1) Dans la foule de raisonnemens profonds qui ,
à l'occasion de la question sur la nomination aux places
de judicature, ont été faits à l'Assemblée nationale ,
par quelques-uns de ses membres les plus actifs & les
plus connus, je vais en prendre deux qui pourront servir
d'échantillons. Thouret a dit : qu'il étoit dangereux ou
inutile de composer un siége de judicature de beaucoup
de membres ; qu'on ne pouvoit pas se flatter que tous
fussent fort éclairés ; que les médiocres y voteroient
comme les bons, & seroient alors inutiles , ou qu'ils voteroient différemment, auquel cas ils deviendroient dangereux. — C'est supposer que le petit nombre d'hommes
très-distingués doit faire toute la besogne ; c'est supposer
que les causes sont toutes également compliquées &
difficiles, & que des procès faciles à décider ne peuvent
être remis entre les mains de personnes d'une capacité
très-ordinaire ; enfin c'est supposer qu'il ne faut pas des
journaliers pour déblayer. Un chef sage, je le sais,
distribuera le travail comme il convient de le faire, &
c'est delà que dépend presque tout ; mais je ne connois
aucune institution au monde, quelque excellente que
soit la Constitution fondamentale, où l'on puisse se
passer d'hommes instruits. En France , tout doit venir
des loix, rien des hommes ; l'avenir décidera de la
vérité de cette présupposition, ou de son contraire.
On ne peut qu'être surpris d'entendre M. de Chabroud ,

tions suivantes , l'arrangement n'en sera pas moins fertile en inconvéniens ; mais le mal deviendra infiniment plus sensible , si cette confirmation n'a pas lieu ; s'il se trouve toujours beaucoup de concurrens ; si en dépit de leur incertitude , ces places sont recherchées ; alors on verra succéder à des hommes qu'une expérience de six ans rendroit plus capables , d'autres hommes absolument neufs pour la pratique : les suites de cela ne manqueront pas de se faire remarquer dans les jugemens rendus & dans les arrêts. L'on diroit qu'en France , on ne veut faire aucune réflexion à ce que la routine opère, à ce qu'il en faut à la sagacité même , pour être plus propre aux affaires ; mais tôt ou tard, on s'y convaincra de la vérité de cette remarque , tant en ce qui concerne les tribunaux, que pour ce qui est relatif aux municipalités des grandes villes , où il se présente

---

disant : *Un nouveau code de loix , très-facile à faire dans un siècle éclairé comme le nôtre.* Que tout est devenu facile, bon Dieu !.... Mais le ciel préserve la France d'un code facile à faire ! Cependant l'on vient de décréter un code nouveau, tant pour le civil que pour le criminel.

une foule de ces affaires compliquées qui ne peuvent se passer d'hommes très-expérimentés.

L'on n'a pas voulu de Jury au civil, & il y a, peut-être, de la sagesse à n'en avoir pas voulu pour le moment. Les jugemens par jurés sont un des plus beaux établissemens de l'Angleterre; mais il en est de cela comme de beaucoup d'autres institutions humaines dont on ne peut méconnoître la bonté; il suppose un peuple formé, & ce peuple ne se forme pas tout d'un coup. En Angleterre, cette coutume nationale des peuples celtiques a toujours été florissante; elle a même contribué à la modification du caractère national. En France, on ne retrouve plus aucune trace de son ancienne existance; & le caractère national, qui s'est formé sans elle, ne se change pas avec facilité. C'est le caractère des François qui paroît avoir fait trouver des inconvéniens à admettre la procédure par jurés. La nation n'est pas extrêmement propre aux recherches de sang-froid. Elle juge souvent par prévention & d'après des faits trè -particuliers, très-isolés; à peine une longue expérience y a-t-elle pu prémunir les juges contre la précipitation des jugemens. Cependant l'on a adopté la procédure par jurés dans les causes criminelles. Il faudra voir, si les Jurys François feront mieux

que les anciens parlemens, ou s'ils ne fourni-
ront pas à de nouveaux du Patys les occafions de
fignaler leur amour pour l'humanité. On ne peut
que faire des vœux pour la réuffite de l'expérience ; fi la chofe peut tenir, le caractère national en recueillera de grands fruits. Au refte
la publicité de la procédure, doit garantir les
jurés d'une multitude de groffières erreurs (1).

A l'occafion des difcuffions fur cette matière,
plufieurs membres de l'Affemblée nationale ont
fait voir, par leurs propos, qu'ils n'avoient aucune notion de l'importance des fonctions d'un
juge, alors même que le Jury a lieu. Ici, c'en
eft un qui dit, que les juges ne font en Angleterre, *que les proclamateurs de la loi & les pro-
feffeurs de la juftice* ; là, c'eft Garat, qui avance
dans le journal de Paris, *avec des loix bien faites,
fimples, claires & connues de tout le monde*,
(combien le bon homme préfuppofe de cho-
fes ! (*le juge du droit ne fera guère qu'un lecteurs.*

---

(1) Voyez fur l'établiffement du Jury, qui, néanmoins,
ne doit être mis en vigueur qu'après la confection d'un
nouveau code criminel, le fecond *Difcours de* Thouret
*à l'Affemblée nationale fur l'organifation du pouvoi*r
judiciaire ; on y trouve un grand nombre de réflexions
très-juftes & très-profondes.

Le juge, au moins en Angleterre, eſt incomparablement plus que cela. Le court expoſé
de l'affaire qu'il préſente aux jurés, eſt communément d'nn grand poids. Peut-être croit-on
aujourd'hui, en France, que qui connoît bien
les diſtinctions de Tilangierie ſur les degrés de
la coulpe, doit trouver ſur le champ la peine
proportionnée à chaque délit ; mais , dans
la pratique, on pourroit bien s'appercevoir trop
tôt, que toutes ces diſtinctions ne ſont guères
qu'une belle marquèterie.

A la ſuite des limites à donner à la puiſſance
royale, en quoi, à mon avis, l'on eſt allé beaucoup trop loin, rien n'importoit à l'ouvrage de
la conſtitution, comme l'organiſation même de
l'Aſſemblée nationale. Les plus ſévères théoriciens ont d'abord ſoutenu, que l'aſſemblée actuelle n'étoit qu'une *convention nationale* chargée de tracer le plan d'une conſtitution, & que
ce plan devoit être agréé de la nation, par l'élection d'uue aſſemblée nouvelle, qui ratifiât ce
que la première auroit fait. Ce raiſonnement
étoit conſéquent; comment pouvoit-on *obtruder*
une conſtitution à la nation ? Son conſentement
étoit néceſſaire, & c'étoit par l'organe de nouveaux repréſentans qu'elle pouvoit le donner.
Mais, malheureuſement, il n'eſt pas poſſible,

dans les affaires d'une importance majeure, d'être aussi systématique, & de respecter toujours les formes, comme dans les petites, à moins qu'on ne veuille s'exposer à rompre tous les liens de la société. Qu'on imagine la confusion horrible & la perte de temps qui en résulteroient, si une nouvelle assemblée devoit reprendre les choses à leur principe, & examiner la constitution pièce à pièce, & d'un bout à l'autre! Et si la nouvelle assemblée venoit à rejeter le tout, ou quelques-unes des parties essentielles, n'en faudroit-il pas encore une autre, pour ratifier les opérations de celle-ci? Les hommes sont incapables de rester dans une si longue incertitude sur des points qui les intéressent si fort : il faut à la plus part, pour qu'ils puissent se tranquilliser, une décision prompte & absolue. D'autre part, il est extrêmement dangereux de donner ou de renforcer dans une nation l'idée de la mobilité de sa constitution. Une constitution doit-elle produire quelque effet sur le caractère d'une nation, & elle le doit si elle veut se maintenir, cela ne peut se faire qu'avec le temps, & à l'aide du respect qu'elle impose, respect qui ne peut recevoir de plus grande force que de l'ancienneté. L'exemple des Etats de l'Amérique septentrionale, où le plan du nouveau

congrès

congrès a eu befoin d'être arrêté par une convention, ne quadre point ici. Il ne s'agiffoit là
que de favoir comment le lien de l'union entre
les treize Etats, pouvoit être déterminé. Il étoit
indifpenfable, fans doute, que chaque Etat fît
le facrifice de quelque droit de fouveraineté ;
mais chaque état auffi avoit fa conftitution, &
il ne s'agiffoit pas d'y toucher. C'étoit une né-
gociation entre des miniftres de puiffances in-
dépendantes, qui, comme de raifon, avoient à
ratifier les ftipulations de leurs plénipotentiaires.
Nonobftant cela, les démocrates de l'Affemblée
nationale ont d'abord fubtilifé à l'excès fur la
différence entre le *pouvoir conflituant* & *le pouvoir conflitué* ; diftinction qui a toujours été
obligée de céder au befoin momentané du parti :
à mefure que les démocrates prenoient le deffus;
cette idée étoit plus foigneufement laiffée de
côté. Des loix irrévocables, comme celles des
Mèdes & des Perfes, c'eft ce qu'ils ne peuvent, ni faire, ni vouloir faire; mais la conftitution qu'ils fabriquent, n'eft pas non plus une
fimple montre, un fimple échantillon.

L'Affemblée nationale a maintenant décidé
d'autorité, que fa feffion actuelle dureroit jufqu'à l'achèvement de la conftitution. Ce décret
me paroît fage & néceffaire, malgré ce qu'en

H

ont dit plusieurs députés, qui demandoient que la durée de l'assemblée actuelle fût limitée à un terme fixe & très - rapproché. Je ne me soucie pas d'examiner ce que ce décret peut avoir de ressemblant avec celui connu du *long parliament*. Le patriotisme vrai de plusieurs représentans, & le sentiment dominant de la nation, s'opposeront, il faut l'espérer à une trop longue prolongation de l'assemblée, & s'y opposeront avec succès. Mais, dans tous les cas, elle ne peut pas se séparer encore, si l'on ne veut pas ajouter à la confusion & la rendre plus funeste. Quand donc se séparera-t-elle? Il n'est guères possible d'en dire le temps, que d'une manière vague. Lally dit occasionnellement, mais avec raison, que tout, si l'on veut, appartient à la constitution; mais que dans la stricte signification du terme, la constitution est presque finie. Durocheau, député à l'Assemblée nationale, rédacteur du *Courier de Madon*, démocrate zélé, annonça, il y a quelques mois, dans sa feuille, que la constitution étoit achevée; qu'il ne restoit plus à déterminer que quelques conséquences qui en découlent. Mais si cela annonce la dissolution de l'assemblée d'une manière trop vague, il faut avouer, d'un autre côté, qu'il n'est pas possible de la fixer avec précision.

Une grande queſtion, au ſujet de l'organiſation de l'Aſſemblée nationale, étoit ſa diviſion en deux Chambres. Cette diviſion a lieu, non-ſeulement en Angleterre où elle eſt l'effet de l'obſervance, mais encore dans preſque tous les différens Etats de l'Amérique ſeptentrionale, & juſques dans l'organiſation du nouveau Congrès. L'on conçoît les raiſons alléguées par Mounier, Bergaſſe & Lally, en faveur de cette diviſion, que Calonne a également recommandée. Le Mémoire, dont Lally, en ſa qualité de Membre du premier Comité de Conſtitution, fit lecture le 31 Août 1789, roule principalement ſur cette queſtion. J'eſtime que, pour la réſoudre, il faut conſidérer,

1º. Si, en général, la diviſion du corps légiſlatif en deux chambres, offre des avantages majeurs, &

2º. S'il y a en France des raiſons particulières qui puiſſent y rendre cette diviſion deſirable ?

Quant au premier point, il paroît évident que le pouvoir d'une grande Aſſemblée légiſlative, ſur-tout dans un Empire où l'on n'a laiſſé au Roi qu'un *veto* ſuſpenſif contre les Décrets, ne peut guères être convenablement contenu, ſi ce n'eſt par le moyen d'une diviſion de cette Assemblée en deux Chambres. L'esprit du jour en France tend à éclairer, d'une manière jalouse, toutes les démarches de la puissance exécutrice, & à la resserrer dans des bornes étroites. Jusqu'à un certain point, tous les efforts que l'on a faits dans cette vue, sont dignes d'éloges, & même souverainement analogues. Mais en faisant l'un, il ne faut pas oublier l'autre ; il ne faut pas élever l'Assemblée de la puissance législative au despotisme qu'on n'a pas voulu endurer dans un seul. Sans compter que le despotisme de 1200 individus est infiniment plus oppressif, infiniment plus insupportable que celui d'un seul homme ; le moyen qui peut servir quelquefois à contenir celui-ci , le jugement des hommes, l'opinion publique, n'est d'aucune efficacité ou n'a que bien peu d'effet sur une Assemblée nombreuse, qui ne voit rien au-dessus ni même à l'égal d'elle. Le gouvernant le plus fier, le Ministre le plus déterminé ne se montrera pas indifférent à l'opinion publique, du moins, pas toujours. Qu'on voie à présent les Membres d'un corps quelconque ! comment se conduisent-ils avant & après que le corps, dont ils font partie, a pris une résolution ? Avant, ils paroissent suspendre leur jugement, ils sont modestes, ils entrent dans les idées de ceux qui ne sont pas de leur corps ; mais quand une fois le corps a prononcé, le membre le moins extraordinaire se crampone, pour ainsi dire, à la décision du corps, alors même qu'il ne fait aucun cas, ni des talens, ni des connoissances des membres individuels qui le composent. Dans les affaires importantes, la plupart des hommes se méfient de leur propre pénétration, lors même qu'il n'y paroît pas. Ils n'ont pas une plus grande confiance ; ils en ont même souvent une moindre dans chacun des individus avec lesquels ils se trouvent. Cependant, c'est comme s'ils prétoient aux décisions d'une Assemblée une vertu magique ; c'est comme s'ils étoient persuadés, qu'indépendamment des membres individuels dont l'Assemblée est composée, il y a des lumières qui lui viennent d'en haut. Il est pourtant vrai que la demi-raison de soixante esprits médiocres ne vaut pas la raison entière de trente bons esprits, souvent même pas celle d'une seule bonne tête.

L'esprit de corps est contagieux & se met au-dessus de l'opinion publique. Quand le Sanhédrin a décrété une chose, les Pharisiens & les Docteurs de la loi, comme Membres du Sanhédrin, méprisent le jugement du Peuple en Juda : auparavant, chacun d'eux trembloit devant ce jugement.

Pour préserver la Nation du mal résultant d'une trop grande irrévérence, envers l'opinion publique, on a imaginé, en France, la courte durée des législatures, & plusieurs autres moyens dont je parlerai ci-après, mais qui, tous, entraînent des inconvéniens , & sont peut-être tout aussi préjudiciables, puisqu'il en résulte que les Membres de l'Assemblée nationale ne peuvent guères se familiariser en grand avec les affaires d'état.

Le partage de la puissance législative, entre deux Chambres, paroît être dans un grand empire, le seul expédient propre à parer à l'inhabileté & au despotisme de cette puissance.

Lorsque le projet de quelque opération nouvelle est débattu en deux assemblées séparées, avant d'obtenir force de loi, la vraisemblance est tout naturellement pour la sagesse de la résolution prise, & pour les justes égards qu'on a eus à la voix de la Nation ; & en même temps que cette vraisemblance devient plus grande, celle du danger auquel les droits de la puissance exécutive & ceux du Peuple sont exposés de la part d'un corps puissant, va toujours en diminuant. Chaque Chambre aura,

il eſt vrai , ſon eſprit de corps, mais , différent & ſéparé ; il ſera bien moins à craindre.
Peut-être arrivera-t-il qu'un bon projet de loi
propoſé par une Chambre, ſoit rejeté par l'autre.
Mais , ſi la propoſition eſt réellement ſage ,
rien n'empêchera de la renouveler ; & , appuyée
de la voix du Public, elle paſſera à la fin.
Je me diſpenſe de faire obſerver qu'il vaut
preſque toujours mieux ſe voir privé d'une bonne
loi , que de s'en donner une mauvaiſe.

L'examen d'un projet , lorſqu'il ſe fait en
deux Chambres , eſt incomparablement plus
mûr , incomparablement plus à l'abri de l'atteinte de l'eſprit de corps , que quand une
ſeule Aſſemblée l'entreprend au moyen de ſes
Bureaux ou de ſes Comités, quelques nombreux
qu'ils ſoient. Ces Comités ne peuvent pas décider. La déciſion appartenant à l'Aſſemblée ,
les Membres des Comités ou Bureaux n'ont
aucun intérêt propre , ni aucun point de vue
particulier qui leur faſſe enviſager les choſes
autrement que ne feroit l'Aſſemblée. Et cette
Aſſemblée unique & ſouveraine, c'eſt en vain
qu'elle ſe preſcrit le mode de ſes délibérations ;
rien ne l'empêche de violer dans un temps
les règles qu'elle s'eſt faites dans un autre
temps. L'on a vu , par exemple , rendre un

Décret à l'Assemblée nationale pour ajourner, jusqu'après l'achèvement de la Constitution, la décision du sort de la Compagnie des Indes ; & le lendemain on a vu rendre un Décret contraire, sans que, dans les vingt-quatre heures, il fût arrivé aucune circonstance nouvelle qui eût pu justifier l'anéantissement de la première détermination. Pour se mettre en garde contre les résolutions précipitées, cette Assemblée avoit prudemment décrété que chaque motion seroit discutée à trois différentes séances ; mais à peine ce Décret avoit-il été rendu, qu'on eut l'air de l'avoir oublié ; & que, sans aucune nécessité, des questions de la plus haute importance furent mises en délibération, & décidées dans le même jour. Il est impossible de préserver une grande Assemblée où il règne de l'ardeur, soit de procédés tumultuaires, soit des effets de la précipitation, soit enfin de l'insouciance envers ses propres règlemens, qu'en la divisant en deux Chambres. Il est vrai que ces deux Chambres de la puissance législative n'auront pas le droit de se mêler de l'organisation intérieure l'une de l'autre ; mais l'émulation qui se manifestera nécessairement entre elles, deviendra le meilleur préservatif contre les défauts que nous avons indiqués. Une jalousie

falutaire portera les deux divifions à aller fagement en befogne, à s'obferver conftamment,
& à refpecter leurs règlemens particuliers, bien
loin de les enfreindre à la légère. Une Affemblée fe met au-deffus du qu'en dira-t on, parce
qu'elle s'y fent; & elle s'y fent, parce que,
dans plufieurs occafions, elle eft forcée à ne
pas écouter les jugemens que porte, hors d'elle,
une partie de la Nation; mais elle ne fera
jamais indifférente vis - à - vis de la façon de
penfer d'une autre Affemblée fon égale, dont
l'approbation lui eft néceffaire, & qu'elle ne
peut pas regarder de haut en bas, puifqu'elle
ne lui eft pas fubordonnée.

Le pouvoir exécutif ne peut non plus être
mis parfaitement à couvert contre les inva-
fions du corps légiflatif, que par la divifion
de celui-ci en deux Chambres. Qui répondra
au premier de la plus petite partie des droits
qui lui font attribués par la Conftitution ? La
féparation en deux Chambres défend le gouvernant beaucoup mieux que ne peut le faire un
veto fufpenfif, dont il eft fi difficile de faire
ufage, à moins de s'expofer aux plus grands
mouvemens de la part du Peuple. La toute-
puiffance qu'un corps légiflatif ne tarde pas à
s'attribuer, & qu'il doit même avoir jufqu'à un

certain point, ne peut trouver des bornes con-
venables que dans sa distribution en deux
Chambres distinctes. Dans ce que j'en dis, au
reste, je n'ai devant les yeux que des empires
d'une grande étendue. Dans de petits états où
les rapports sont en petit nombre, & où ces
rapports peu nombreux sont encore très-simples,
on peut se dispenser d'une division que rien
ne m'a fait envisager comme nécessaire, si ce
n'est la supposition que je viens de dire.

Mais dans cette supposition, dans cette hy-
pothèse, je suis bien certain d'avoir l'expérience pour moi.

Nous avons maintenant à examiner s'il
existoit en France des raisons particulières qui
aient dû y faire desirer l'établissement de deux
Chambres. Je passe sur la question de savoir
si, & jusqu'à quel point, le caractère national
des François pouvoit demander qu'il y eût
dans l'état, un corps puissant, capable de
retenir un autre corps puissant, de ces pré-
cipitations dangereuses, auxquelles des hommes
très-vifs se laissent aller beaucoup plus aisément
que ceux d'une moindre vivacité. Je passe,
dis-je, sur cette question, malgré la multitude
de raisons qu'elle m'offroit, pour appuyer mon

sentiment. Je ne veux m'arrêter qu'à l'état des personnes.

Il y avoit en France une noblesse nombreuse & puissante ; il y avoit encore un clergé également considérable. Ces deux ordres, depuis une longue suite de siècles, étoient en possession de prérogatives nombreuses & grandes. Il auroit été dangereux, il auroit même été incompatible avec la constitution d'un état libre mixte, comme la France alloit le devenir par l'effet de la convocation des états, de laisser à ces deux ordres tous les priviléges dont ils jouissoient. Cela, d'ailleurs, étoit devenu impossible dans la manière de voir, qui étoit celle de la plus grande partie de la nation. Il falloit des sacrifices ; le besoin de la chose & la voix du peuple en demandoient. Les ordres privilégiés le sentoient eux-mêmes, & le grand nombre y consentoit la renonciation aux franchises, à ces priviléges pécuniaires, que Necker, dans un premier calcul, n'évaluoit qu'à 10 ou 12 millions par an. Mais ce sacrifice ne suffisoit pas ; il n'étoit pas non plus ce que l'on demandoit. La Noblesse tint opiniâtrement à ses priviléges personnels. Elle ne pouvoit pas se persuader qu'elle dût agir comme d'homme à homme avec les membres du Tiers-Ordre. Trop

accoutumée à méprifer fouverainement ce Tiers-
Ordre, elle ne vouloit rien changer à fa conduite envers un peuple qu'elle regardoit comme
un troupeau, parce que, long-temps, elle en
avoit été regardée comme le pafteur. Non-feule-
ment la maffe de la nation, mais encore ce
que cette maffe pouvoit offrir de plus noble,
de plus cultivé, de mieux cultivé que la Nobleffe même, en étoit traité avec toute l'arro-
gance de l'orgueil, en étoit regardé; à peu
près, avec ces yeux dont les élus peuvent regarder les réprouvés. Il n'eft rien qui révolte
davantage la fenfibilité de l'homme, que des
démonftrations d'infolence perfonnelle. Plus un
peuple a de vanité, & plus ces démonftrations
fe multipliant outrageufement d'en haut, font
profondément fenties d'en bas.

La majorité de la Nobleffe Françoife s'eft
attirée elle-même tout le mal qui l'accable.
Elle a infifté, avec la plus roide opiniâtreté,
fur d'anciens priviléges perfonnels, dans un
temps où tout lui confeilloit une douce con-
defcendance. Elle s'eft même refufée au projet
du Clergé de fe réunir avec lui en une Chambre;
projet que, peut-être, le Tiers-Ordre n'auroit
pas combattu, alors, avec une fort grande chaleur; puifqu'il échappoit, par-là, au danger de

deux voix contre une. L'admiſſion de ce projet, il eſt vrai, auroit mis obſtacle à plus d'un bien qui s'eſt fait ; mais il auroit auſſi préſervé de beaucoup de mal. Le Tiers - État ſe déclara Aſſemblée Nationale. La révolution du 14 juillet arriva peu après. Alors le Tiers-État, ſi long-temps opprimé, fut en poſſeſſion de la toute puiſſance. Par les Décrets du 4 & du 10 août, on enleva aux propriétaires des terres, & par-conſéquent à la Nobleſſe, pour la plus grande partie, pluſieurs droits de propriété. Pluſieurs autres Décrets, parmi leſquels on en trouve de ſages, abolirent ſucceſſivement tous les privi-léges de la Nobleſſe. Le Décret de l'Aſſemblée Nationalè, qui anéantit tout droit d'aſpirer excluſivement aux emplois & aux dignités, mérite d'occuper la première place. Dans toute conſtitution où il exiſte réellement une voix publique, cela ne peut & ne doit pas être autrement (1). Mais, après tant de tribulations

---

(1) Dans une pièce, qui ſe trouve inſérée dans le Journal Menſtruel de Berlin, j'ai cherché à faire voir qu'il ne ſeroit pas avantageux aux pays de l'Allemagne d'y donner les premières places à la bourgeoiſie ; mais j'ai ſuppoſé bien expreſſément que, dans aucun des pays allemands qui me ſont connus, on ne trouve ce qui peut s'appeler la voix du public. Juſqu'ici je n'ai point

que la Nobleſſe, dans ſon idée, avoit eues a
éprouver, parmi leſquelles plus d'une petite
cour d'Allemagne enviſagera comme la plus
terrible, celle de l'inutilité actuelle des par-
chemins & des généalogies, pour être préſenté
au Roi, l'on auroit dû ſonger à lui donner
quelque ſatisfaction, ſonger à faire auſſi
quelque choſe pour elle. Il étoit là ce grand
nombre d'hommes, en qui la naiſſance & l'é-
ducation avoient gravé profondément l'idée de
leurs prérogatives. A l'importance du nombre,
ſe joignoit celle plus grande de préſenter les
plus grands propriétaires fonciers. Il importoit
donc infiniment à des Légiſlateurs ſages de
donner à une claſſe ſi importante quelque lieu
d'être contente de la Conſtitution. Empêcher
ces premiers Citoyens de l'Etat d'exciter des
troubles, & de ſe laiſſer pouſſer de complots
en complots, étoit une grande vue qu'il ne
falloit pas repouſſer. La queſtion : *s'il eſt bon
qu'il y ait une Nobleſſe dans un Etat ; n'étoit*

encore changé d'opinion, & je ne me réſoudrai à regarder
comme décidément utile l'élévation d'un roturier à une
première place, que quand le plébéïen parvenu travaillera
de tout ſon pouvoir à faire naître & à ſoutenir cette voix
publique dont je parle.

point une question à proposer nue & dépouillée. Elle étoit là cette Noblesse. L'Assemblée Nationale n'étoit point un Promethée, qui eût à former des hommes; un Platon, qui eût à concevoir une république parfaite, un Penn, qui eût à fonder une colonie avec des hommes qui avoient renoncé à toute distinction entre eux. Ce qui étoit absolument incompatible avec une bonne Constitution, il falloit l'ôter à la Noblesse; mais il falloit en même temps lui accorder une indemnité qu'un ordre sage de choses pouvoit comporter. Une Chambre haute offroit un moyen. En cas qu'on n'eût pas voulu laisser au Roi la nomination des membres qui pouvoient la composer, le peuple pouvoit choisir, dans la Noblesse, la moitié de ces membres. Je pense, il est vrai, comme Mounier, sur les avantages d'une Chambre haute où les places sont héréditaires; mais en n'admettant même qu'une Chambre haute élective & amovible, on auroit fait, pour la Noblesse, une chose précieuse. Et si l'Assemblée Nationale actuelle, en sa qualité de pouvoir constituant, trouvoit du danger à établir, pour le moment, une Chambre de cette sorte, pourquoi, par le cinquième article de la Constitution, & en déclarant que l'Assemblée Nationale ne seroit

composée que d'une Chambre, ôtoit-elle à
la Noblesse toutes les espérances que celle-ci
pouvoit mettre dans une Chambre haute (1) ?
Pour montrer de l'équité, il falloit que l'on
pourvût à quelque dédommagement. L'Assemblée Nationale a fait tout le contraire ; non
contente d'avoir privé la Noblesse de toutes ses
prérogatives actives, elle a détruit, à la fois
& d'un seul coup, la Noblesse, son nom, ses
titres, ses armes, ses livrées, tous ces tristes
restes d'une grandeur native, mais déja passée,
tout cela capricieusement, sans aucun but. Parmi
toutes les raisons qu'on a alléguées pour appuyer

---

(1) Un homme, dont le nom est en vénération chez
tous les Allemands, & qui mérite cette vénération dans
plusieurs parties où il brille, mais dont le droit politique ne paroît pas être le fait. — Wieland dit dans ses
Réflexions sur la Révolution politique de la France,
(Voyez le Mercure Allemand, Juin 1790), que le
point le plus important, celui de la division de l'Assemblée nationale en deux chambres, reste encore indécis.
Mais, si Wieland se fût donné la peine de recourir aux
articles de la Constitution, sanctionnés par le Roi, le
5 Octobre 1789, il auroit vu que, dans ces articles,
l'affaire est décidée & très-décidée. L'exposé de Mounier &
la seconde lettre de Lally nous ont fait connoître, au
surplus, toute la marche de cette affaire.

l'abolition

l'abolition de la Noblesse, il n'en a pas une qui mérite une réponse sérieuse. Si, en Angleterre, on ne dit pas le Duc de Pitt, le Marquis Fox, cela seul prouve l'innocuité d'une Noblesse dans un Etat libre, cela prouve qu'on peut être le premier homme d'un Etat sans porter aucun de ces titres. La Noblesse n'a été détruite que par l'effet d'idées phantastiques sur l'égalité des hommes, & par l'ignoble envie d'humilier, de mortifier, ce que l'on voyoit, auparavant au-dessus de soi. D'anciennes prérogatives, quoique légitimes, lui avoient été ravies par des motifs de poids. Pourquoi avoir voulu violenter encore l'opinion publique, cette opinion sur laquelle les loix ont si peu de prise ? Necker a démontré, en maître, qu'il ne pouvoit résulter de ce Décret aucun avantage réel pour la Nation. C'est donc sans utilité que la classe la plus distinguée de l'Etat, & où le nombre n'est rien moins que petit, a été offensée, piquée, de la manière la plus sensible. Qu'est-ce qui peut la lier aujourd'hui aux nouveaux arrangemens ? La Noblesse n'est pas dans le cas de sentir si vivement les avantages d'une Constitution libre, puisqu'elle ne souffroit pas également de ce que l'ancienne avoit d'oppressif. Qu'a-t-elle conservé de ses

I

anciens avantages, sinon, peut-être, quelques liaisons médiates, qui, encore, ne peuvent pas la mener loin ? Seroit-il possible que dans cette ci-devant puissante carte, il y eut beaucoup d'individus qui, par patriotisme, endurassent volontiers le changement qu'ils ont subi ? Ne s'écoulera-t-il pas près d'un siécle avant que les idées de tant de têtes se perdent entièrement ? Est-ce le moyen d'attacher une classe très-active & très-énergique à une Constitution, que de lui tout prendre sans lui rien rendre ? Qu'on ne dise pas, que, par l'établissement d'une Chambre haute, l'on ne seroit pas parvenu, non plus, à contenter parfaitement la Noblesse. Ce moyen auroit toujours bien fait son effet sur un très-grand nombre de ceux qui pensent raisonnablement. Les ennemis secrets du nouvel ordre de choses ne seroient pas restés en aussi grande masse. La lutte entre les Oligarches & les Démocrates, qui a troublé le repos de tant de républiques de la Grèce, ne peut plus finir de si-tôt en France.

Pour consolider la Constitution, & pour lui épargner d'avoir à se refaire des fatigues causées par des troubles intestins, toujours renaissans, il n'y avoit que deux moyens ; ou d'en gagner les ennemis par quelques foibles concessions, ou de renouveller envers eux les horreurs de la Saint-Barthélemi. On ne vouloit, on ne pouvoit pas prendre ce dernier parti ; le premier étoit donc le seul qui devoit se présenter à une Nation, pour qui la générosité avoit d'ailleurs tant de charmes, & de ces charmes, auxquels les Plebeïens eux - mêmes cédoient avec des transports outrés, parce qu'ils en sentoient tout le prix. Le torrent a pris un autre cours, au moins pour le moment ; mais qui osera garantir qu'il ne rentrera jamais dans son premier lit, & plus fort qu'il ne fut ? A l'heure qu'il est, cela n'est pas vraisemblable ; mais, quelque répugnance que Cromwell, aidé de toutes les idées dominantes du temps, eût à former une Chambre haute, cet heureux tyran se vit, à la fin, contraint à céder à l'esprit de la Nation, qui ne tarda pas à se reproduire ; il nomma une Chambre haute, dont les membres furent à vie. Certes, il y avoit en France des raisons particulières qui devoient y faire désirer l'établissement d'une Chambre haute ; autant valoit-il qu'il n'y en eût pas, le projet à été rejeté. Lally fait voir clairement, qu'indépendament des principes démocratiques, la crainte d'être déchirés par le peuple, fit impreſſion ſur un bon nombre de Députés, & qu'un autre nombre conſidérable d'ariſtocrates cachés, qui favoriſoient les projets outrés des démocrates, dans l'unique vue de préparer, par leur réuſſite, la chûte plus prompte de la Conſtitutton nouvelle, s'empreſſa à vôter contre. Lorſqu'un homme comme Lally s'explique en général ſur les ouvertures qui lui ont été faites là-deſſus, il mérite que l'on croye à ſes aſſertions, auſſi long-temps qu'elles ne ſont pas démenties ; Or, elles ne l'ont jamais été, que je ſache.

La durée de chaque légiſlature a été fixée à deux ans ; ce qui néanmoins ne paroît pas devoir s'entendre de l'Aſſemblée nationale actuelle. La queſtion ſur les avantages ou les inconvéniens d'une plus longue ou plus courte durée d'une aſſemblée des repréſentans du peuple, a été ſi ſouvent débattue en Angleterre, qu'on ne peut guères dire là-deſſus, que ce qui a été dit & redit à l'occaſion de la motion annuelle de Sawbridge ſur le raccourciſſement du terme de la ſeſſion d'un ſeul & même parlement. Une durée de deux ans paroît offrir le grand déſavantage que les repréſentans n'auront pas le temps d'acquérir en grand les notions qui ſont néceſſaires,

pour voir clair dans les affaires d'état & pour
les manier avec fuccès. Les députés ne fau-
roient y apprendre, par leur propre expérience,
jufqu'où il leur eft permis d'aller dans l'application de leurs principes ; ils iront donc en befogne avec trop de précipitation, puifqu'ils manqueront des obfervations propres qui leur feroient
indifpenfables, ou bien, s'ils fentent ce défaut
en même temps que la néceffité d'y remédier,
ils perdront, dans le terme trop court de leur
activité, l'intérêt qu'ils auroient d'ailleurs à exécuter des chofes qui demandent des efforts longs
& foutenus, & une parfaite unité de vues dans
le fucceffeur, comme dans le devancier. Ce feroit le cas en queftion, & dans fa plus grande
mefure, s'il étoit vrai, comme le dit Bergaffe,
dans fa *lettre à M. Dinocheau*, pag. 12, qu'il
eût été décrété qu'aucun des membres de la législature qui précède, ne pourra être réélu pour
celle qui la fuit immédiatement. Quelque peine
que je me fois donné, je n'ai pas pu réuffir à
me procurer ce décret. Le feptième article de
la conftitution femble ne parler que d'une élection univerfelle de tous les députés, à chaque
législature, en oppofition avec le renouvelle-
ment d'une partie feulement, comme cela fe

pratique dans les états américains pour la chambre haute. Cependant, Bergasse, parlant avec assurance d'un fait manifeste, où chacun étoit à même de relever son erreur, & n'ayant été contredit par personne, je me vois forcé de croire à ce qu'il en affirma positivement. Or, l'existence du décret posée, il est évident que la liberté d'élection se trouve par-là très-désavantageusement circonscrite, puisque la nation, malgré qu'elle puisse en avoir, doit renoncer à des hommes, en qui, peut-être avec raison, elle mettoit sa plus grande confiance. D'un autre côté, il n'est point du tout vraisemblable, qu'il se trouve toujours un assez grand nombre de ces hommes d'esprit, de talens & de lumière, que demande la si importante place de représentant de la nation, pour pouvoir en faire succéder 747 à 747, sans aucune crainte d'avoir à en regretter le choix. Enfin l'ensemble des opérations, l'unité du plan, la fermeté dans les principes de la constitution adoptée, doivent nécessairement en souffrir, à chaque législature nouvelle ; ainsi tous les deux ans nous pourrons avoir en France une autre constiturion.

Cette crainte ne paroîtra pas chimérique à qui connoît le penchant des Français pour l'action, leur goût pour l'exécution de grands plans (1). Dès lors je regarde le décret en question comme le plus préjudiciable de tous ceux que l'assemblée nationale a pu rendre.

Le galant homme Servan , qui , dans son *adresse aux amis de la paix* , excuse , puisqu'enfin les choses sont ainsi, tant de dispositions faites par l'assemblée nationale , redoute , par des raisons très-spécieuses & très-multipliées , l'inactivité & l'indifférence des assemblées futures , beaucoup plus que les grandes passions qui pourroient les mettre en mouvement (2). Si cela arrive , rien ne pourra mettre la nation à couvert.

____

(1) Bergasse dit très-bien dans la lettre que j'ai citée : *On ne tardera pas surtout à comprendre, qu'il importe que le corps politique acquierre de l'expérience, qu'il ait une marche systématique, des habitudes fixes, une action toujours semblable, & que tout cela ne peut avoir lieu, si, après deux ans, il ne reste pas dans son sein, un seul des députés qui s'y trouvoient auparavant.* Il ajoute à cela, que, si l'on en restoit à ce décret, il faudroit aussi renouveller le conseil du roi tous les deux ans, afin qu'il n'y eut pas, entre le pouvoir exécutif & le législatif, une trop grande différence d'expérience.

(2) Le très-long & très-remarquable passage qui a rapport à ceci, commence à la page 40, & mérite d'être lu. Voici ce qu'il renferme de plus important : *le peuple*

de la prépondérance que le pouvoir exécutif fera
en mesure d'acquérir. Les fondemens de cette
crainte se trouvent en ce que l'on n'a pas assez
noué l'intérêt privé des représentans au bien gé-
neral, en ce que l'on a trop bâti sur le patriotisme effervescible, mais trop extinguible, de la
nation ; en ce que l'on a fermé aux individus
pleins d'activité & d'énergie les perspectives dont
le charme devoit enflammer leur personnalisme.
En fixant à deux ans la durée des assemblées nationales, l'honneur d'y siéger a perdu de son
poids, & l'intérêt personnel se trouve peut-être,
par cet endroit seul, beaucoup trop affoibli.
Au demeurant, il n'y a rien encore de décidé
sur la partie de l'année que le corps législatif aura
à passer dans son rassemblement. Une proroga-

contractera insensiblement la plus profonde indifférence pour
ses assemblées biennales, où il ne verra qu'une distraction
incommode, bien plutôt que l'exercice d'une grande puissance. Quant aux citoyens d'une classe plus relevée, aime-
ront-ils à se transporter dans une terre étrangère, pour y
traiter le plus souvent des détails purement économiques,
avec une assiduité fatiguante, & l'espoir tout au plus d'une
estime partagée avec plusieurs autres; estime même à peine
acquise, qu'elle sera effacée par la foule des nouveaux représentans, qui se plairont à chasser devant eux, comme de
la poussière, la mémoire & les services de leurs devanciers.

tion eſt néceſſaire, ne fut-ce que pour donner
aux députés le tems & l'occaſion de voir, par
eux-mêmes, l'effet de leurs meſures dans les
provinces & les localités.

Pluſieurs décrets ont été rendus ſur le mode
des élections futures pour l'aſſemblée nationale,
& ſur le droit d'élire. Il eſt encore difficile de
s'expliquer avec quelque confiance ſur les diſpo-
ſitions que l'on a faites à cet égard. Preſque dans
tous les états connus, ce point étoit décidé par
l'obſervance, à laquelle on avoit fait, de tems
à autre, quelques légeres modifications. L'expérience ſeule peut fournir les moyens de juſ-
tifier ou de blâmer le règlement fait en France
pour les élections. Juſqu'ici, l'on a quelque rai-
ſon de croire, que l'on a donné à ces baſſes
claſſes du peuple, qui ſont ſi aiſées à gagner,
une trop grande influence dans les élections, en
attachant, à une contribution annuelle de trois
livres, la faculté de concourir activement aux
élections. L'on a cherché, il est vrai, à prévenir les ſuites fâcheuses de cet arrangement,
en déterminant que le peuple n'éliroit pas pré-
ciſément ſes représentans ; mais seulement des
députés aux élections. Mais reste à savoir, si
ce moyen, qui répond parfaitement à son objet,
n'affoiblira pas l'intérêt que la nation doit pren-

dre à ses représentans. Dans un très-grand nombre, la confiance aux députés doit éprouver de
la diminution par ces gradations d'électeurs &
d'élus. La noblesse et le clergé n'auront désor-
mais part à ces élections que comme tout autre
citoyen actif, & n'auront plus de députés particuliers qui les représentent ; c'est un fait connu,
auquel je ne m'arrête point.

Rien ne tient davantage au règlement pour
les élections, que la division du royaume en
quatre-vingt-trois départemens, & la constitution
des municipalités. Je me sens incapable de juger
cet ouvrage, dans la grandeur duquel la vue court
risque de se perdre. L'abolition de la conformation particuliére & des privilèges de quelques provinces, sembloit être nécessaire à bien
des égards. Toutefois Servan, dans l'écrit que
nous avons cité, p. 48 & en note, oppose à cela
quelques plaintes, qui, venant d'un défenseur
de la plûpart des arrangemens nouveaux, méri-
tent d'autant plus qu'on y fasse attention.

L'on négligeroit beaucoup plus loisiblement
certains défauts, qui, pour ne pas paroître es-
sentiels, n'en ont pourtant pas moins d'effet ;
je veux parler des arrangemens intérieurs de
l'assemblée nationale d'aujourd'hui. Le fréquent
changement de Présidence, changement qui se

fait tous les quinze jours , vient se mettre lui-même à la tête.

Une grande assemblée ne peut tenir , si sa police n'est pas fixée par des règlemens , s'il n'y a pas de loix pour le maintien de l'ordre. Les membres individuels perdent souvent de vue ces loix ; ils en sont écartés par la chaleur des débats. Il est donc besoin d'un homme qui y veille , qui les ait habituellement devant les yeux , qui rappelle leur observation. Lorsque l'assemblée est en représentation , l'essentiel roule alors sur l'homme qui est à la tête. L'Angleterre offroit depuis long-tems le modèle d'une bonne institution. Il n'y est guères arrivé que l'on se soit plaint de la dangereuse influence de l'orateur de la chambre des communes. En France , on a craint toute influence d'une fonction tant soit peu durable , & l'on a voulu que le président ne fût élu que pour quinze jours. Je ne releverai pas le tems précieux qui se perd à une élection si souvent renouvelée , les inutiles harangues dont on assomme & l'assemblée & le président qui quitte le fauteuil , & celui qui le prend , les scènes scandaleuses , les cabales , à l'occasion de l'élection , entre autres ce qui passa à la première élection de Thouret , à celle de l'évêque de Langres ; à la présidence

de Mounier, & à l'élection du comte de Vi-
rieu, cet homme qui appuya la motion de
Lally pour le rappel de Necker, dans un tems
où il falloit encore du courage pour oser se
montrer patriote ; mais j'observerai, que le
changement trop fréquent a cette mauvaise suite,
que le président n'est pas assez long-tems en
place, pour y acquérir la plénitude d'autorité
essentiellement nécessaire au maintien de l'ordre, puisque cette autorité ne peut être que
l'effet d'une pratique plus soutenue, & d'une
connoissance plus habituelle des formes de la
chambre. Combien de fois n'est-il pas arrivé
qu'on ignoroit, si un décret avoit été rendu sur
telle chose ? Il n'y a qu'un couple de mois,
qu'un projet de Roberspierre, tendant à rame-
ner toutes les plaintes en nullité par devers
l'assemblée nationale, puisque, disoit-il, il n'y
a que le pouvoir législatif qui soit en état de
juger, si les loix ont été violées par un tribu-
nal, fut écouté & applaudi. Je ne m'amuserai
pas à faire sentir la presque nullité de l'idée qui
servoit de base au projet ; je ne rémémore ici
le projet même que par la raison qu'il ne se
trouva personne dans l'assemblée, qui prit sur
lui d'y rappeler, que, par l'article XIX de la
constitution, il étoit décidé, depuis long-tems,

que le pouvoir judiciaire ne pourroit, *en aucun cas*, être exercé par le corps législatif. Un président, qui auroit été en fonction depuis le commencement de l'assemblée nationale, auroit dans bien des cas, rafraichi la mémoire des loix déjà faites. Il faut encore dire une chose, le président n'a pas toujours pu compter sur les égards dus à sa place, et les manquemens sur ce point n'ont pas été réprimés par l'assemblée nationale comme ils le méritoient ; ils ne l'ont pas même été dans la minorité, lorsque celle-ci a troublé 'ordre. L'indécente conduite tenue envers le président, à l'occasion d'un discours de ce président, adressé à celui de la chambre des vacations de Bordeaux , en offre la preuve la plus frappante.

Le Français n'a pas ce sentiment de l'ordre, ce respect pour les formes reçues, qui distingue l'Anglais. Il n'étoit pas possible non plus qu'il l'eût au même point , puisque son ancien gouvernement n'étoit nullement propre à le lui inspirer , & que sa vivacité native , beaucoup plus grande , y met tout naturellement obstacle. Mais il étoit des premiers devoirs des législateurs d'aviser aux moyens de faire naître ce sentiment, de se montrer sévères à en donner l'exemple, & de punir tous ceux qui, à leurs yeux, trou-

bloient un ordre dont la nécessité étoit reconnue. Mais cette sévérité, quoique souverajne-
ment utile, n'alloit pas avec les idées démocratiques. Par le plus grand de tous les abus, il a
été permis aux spectateurs, dans les galeries,
d'exercer à l'assemblée nationale, leurs droits
de l'homme, de manière à ôter la parole à plusieurs députés, que la crainte des cris & des
huées mettoit dans le cas de ne vouloir ni de ne
pouvoir se faire entendre. L'influence des gal-
leries sur les résolutions a été, nous en avons
les témoignages les plus irréfragables, extraordinairement grande. La liberté des délibérations,
cet objet essentiel de toute assemblée délibé-
rante, s'est trouvée par-là réduite à rien. Il falloit des spectateurs ; mais le premier d'entr'eux
qui auroit prouvé trop haut son existence, il
auroit fallu le punir, & en cas qu'il n'eût pas
été possible de découvrir exactement ce perturbateur de l'ordre, il auroit fallu éloigner, pour
ce jour-là, tous les spectateurs. L'usage de ce
moyen simple auroit eu promptement le meilleur
effet. Mais, ce n'est pas seulement par l'influence
des galeries que la liberté des représentans de la
nation a été compromise ; le peuple, à plusieurs
reprises, s'est porté par milliers autour de la salle,
& a maltraité des députés dont les sentimens ne

passoient pas pour être populaires. Dans une constitution libre, il est impossible d'éviter toutes les explosions de la fureur populaire ; mais , en Angleterre , le Parlement , environné de désordres pareils à ceux qui ont eu lieu en France , lors des débats sur les biens de l'église & sur le droit de la paix & de la guerre , n'auroit pas délibéré ; et , en cas qu'il n'eût pas été possible de dissiper l'ameutement , la séance auroit été levée. Comment de sages loix sont-elles possibles, lorsque des épées tirées effrayent les législateurs ?

Il est telle minutieuse circonstance de l'organisation intérieure de l'assemblée nationale , où se trouve souvent le germe des plus scandaleuses scènes. La tribune aux harangues en a produit plus d'une. Peut-être étoit-il nécessaire , que quiconque avoit quelque chose à proposer , montât à cette tribune, parce que ce n'étoit que de là que sa voix pouvoit se faire entendre partout ; mais cette cathèdre est devenue la grande occasion , qui a fait ressembler les discours prononcés à l'assemblée , à ceux prononcés à l'Académie des sciences , ou à l'Académie Française. Ils ont de cette éloquence froide qui veut paroître animée, qui , pompeusemeut maniérée , s'enveloppe de maximes sententieuses , & de pé-

riodes artistement arrondies ; ils s'y sont abbais-
sés au ton que prend inévitablemeut l'éloquence,
chez tous les peuples où elle ne peut se flatter
d'atteindre à de grands effets , & où l'on se borne
à porter une douce & minutieuse critique sur
les ornemens dont se pare un orateur , qui , dans
sa foiblesse , n'aspire qu'à plaire à l'esprit de ses
auditeurs , ou à remuer en eux quelques foibles
sentimens , & jamais ne s'empare puissamment
de la volonté en y portant les divines étincelles
du génie. Le discours tant admiré de Rabaud
de St.-Etienne , lors de son élévation à la présidence , appartient , avec beaucoup d'autres , à
ces formes inanimées , à ces jolis & insignifica-
tifs colifichets.

Dans plusieurs publications faites à la nation,
mais sur-tout dans la fameuse Adresse aux Français , que rédigea l'évêque d'Antun, l'on trouve
par-tout des traces de ce ton. Elles ont de plus le
défaut de n'être point écrites avec cette noble
simplicité , ni dans ce langage nerveux qui com-
mande le respect , & qui devroit toujours être
celui d'une assemblée nationale qui parle à la
nation. Je ne retrouve la vraie & grande éloquence que dans quelques adresses au roi, comme,
par exemple , dans celle rédigée par Mirabeau,
au sujet du renvoi des troupes cantonnées autour

de

de l'assemblée, & puis dans les discours & les lettres du roi. Oui, il y a là de l'éloquence.

L'on a trop donné dans le puérilement oratoire, ou dans le théâtral, par les invitations trop usitées à assister aux séances. Elles ont eu lieu à l'occasion de petits dons patriotiques qu'on n'auroit jamais dû accepter, puisque tout cela importoit fort peu au trésor public ; elles ont eu lieu à l'occasion de jolies harangues ou de jolis remercimens, comme, par exemple, vis-à-vis d'une nonain, qui remerçioit l'assemblée de la suppression des vœux monastiques, vis-à-vis de mademoiselle Thierry, femme-de-chambre de la marquise de Crussol, qui, chargée du don patriotique de sa dame, y joignit, en le remettant, la petite pièce de son escarcelle. Ajoutons cette éternelle apparution d'hommes de toutes les formes & de toutes les couleurs, ces lettres sans nombre, lues & répondues, quoique souvent de l'importance de celle des jeunes filles de Versailles, qui avisoient l'assemblée comme quoi elles avoient prêté leur serment civique, ce qui leur valut des remercimens du président au nom de l'assemblée nationale. --- cette correspondance avec la *révolution society* de Londres, & l'acceptation des ouvrages de cette société, --- la lettre de ce fameux lord George Gordon , qui , à la vérité , n'eut pas l'honneur d'une réponse au nom de l'assemblée , mais bien celui d'une missive de l'abbé Grégoire , son sécretaire d'alors , --- enfin le décret rendu , après mures délibérations , sur la résolution inébranlable de l'assemblée de n'accepter plus aucune dédicace ; & nous aurons quelques preuves prises entre beaucoup d'autres, que l'assemblée nationale s'est trop souvent occupée de minuties , & n'en a point agi avec la dignité que le corps législatif d'une si grande nation , ne doit jamais mettre de côté.

Sans doute , quand des discours d'un mauvais goût font un grand effet, quand, par des enfantillages & des scènes comiques de toute espèce , le peuple s'intéresse avec plus de chaleur à la constitution, pourquoi refuseroit-on de pareils moyens ? Mais il faut, avec cela, ne point cesser de faire la réflexion , que ce qui est trop répété, cesse enfin de produire son effet. L'effet des fêtes de la Rosière passe aussi vîte que la saison des roses. Lorsque des femmes-de-chambres , sans y avoir donné occasion par quelque chose de grandement important pour l'état, sont invitées à assister aux séances de l'assemblée nationale , cet honneur ne peut que perdre de son prix; l'assemblée réussira par-là difficilement

à élever le caractère des femmes-de-chambre ,
& à y mettre une empreinte plus respectable ;
il est bien plus vraisemblable qu'elle avilira le
sien dans l'opinion publique, par des démons-
trations d'une philantropie poussée trop loin.

Les décrets de l'assemblée nationale rendus
aux célèbres séances des 4 & 10 Août 1789 ,
n'ont pas , si l'on veut, un rapport direct à la
constitution ; mais ils influent tellement sur l'état
des citoyens les plus distingués , qu'il est juste
d'en faire ici mention. Ils étoient une invasion
ouverte dans les droits des propriétaires des terres,
ces décrets , qui furent votés dans l'ivresse de
l'enthousiasme (1), qui furent d'abord désapprou-
vés par Mirabeau lui-même , qui , à la rédaction des articles , le 11 Août , acquirent encore
de l'extension , mais furent ensuite assujettis à
quelques restrictions , & contre lesquels, de
même que contre la déclaration des droits de
l'homme , il fut fait , de la part du roi , des
observations générales , très-fondées , mais très-
peu prises en considération.

Les défenseurs de ces décrets cherchent à les

____

(1) Lally écrivit dans la nuit, au président, pour le
prier de lever la séance, attendu qu'aucun député n'étoit
plus maître de lui-même.

justifier, en les faisant envisager comme des suppressions de servitudes ; mais ces servitudes supprimées étoient, non-moins que la propriété, fondées sur le droit écrit ou sur les coutumes, & la légitimité de leur possession étoit recon- nue depuis un tems immémorial. Elles étoient passées d'une génération à l'autre, d'une main à l'autre, par des contrats de plusieurs espèces. On les avoit aliénées comme toute autre partie de la propriété ; on les avoit fait servir à des emprunts, on y avoit constitué des hypothè- ques. C'est envain que, pour faire valoir leur suppression, on les représente comme l'effet de la force & de l'oppression ; si l'on veut remon- ter à l'origine, sans prouver dans les cas par- ticuliers & en la meilleure forme de droit, la violence de la prise de possession, c'en est fait, dans tous les pays, de la sureté de la propriété. Dailleurs, si la possession de plusieurs pouvoit bien n'être fondée originairement que sur le droit du plus fort, il est incontestable que bon nombre de ces droits supprimés & de ces obli- gations abolies n'avoit existé, en beaucoup de lieux, que par l'effet de conventions à l'amiable & de contrats formels. Il est mpossible de re- chercher le titre de possession dans chaque cas particulier, & néanmoins il faudroit en faire la recherche pour chaque cas particulier , si l'on vouloit suivre exactement les formes de droit. Il n'y a qu'une raison qui autorise à se mettre au-dessus de ces formes , c'est le droit qu'à l'état de supprimer certaines institutions trop préjudiciables au bien public , & de les supprimer même sans aucune indemnité , quoique fondées sur des contrats positifs, lorsque les circonstances l'exigent impérieusement. L'on est obligé d'admettre ce droit , même dans ce sens vague & indéterminé , si, dans des cas que l'on imagine sans peine , l'on ne veut pas exposer la société civile au danger de sa destruction. On aura beau sentir ce qu'il y a de lubrique ou d'insidieux dans la trop vague allégation du bien public , il est des cas où l'on ne peut chercher aucune autre règle de conduite, ni aucun autre moyen de défaire le nœud. Mais cela n'empêche pas d'exiger, que , dans toutes les opérations de ce genre , le bien public & l'impossibilité de l'assurer autrement qu'en mettant à néant des contrats positifs , & en bleffant les formes de droit , soient clairement démontrés & mis en parfaite évidence. L'ordre des paysans souffroit , en France, de la plus cruelle oppression ; le bien public demandoit absolument qu'on procurât des soulagemens à cet ordre. D'un autre côté, l'ef-

K 3

fervescence qui, après le 14 juillet, s'étoit manifestée dans toutes les provinces, donnoit à une guerre des paysans les plus terribles apparences. Il étoit devenu indispensable de faire quelque chose pour la classe la plus nombreuse du peuple, & ce quelque chose devoit se faire sur-le-champ, sans le moindre délai.

L'on auroit dû céder au peuple sur quelques points importans, sur la gabelle, par exemple, cet impôt si odieux, & qui, en effet, a été supprimé plus tard, --- sur le droit de chasse attaché aux terres seigneuriales, & si vexatoire pour les pauvres campagnes, --- sur &c... Mais, quant aux droits féodaux & aux banalités, c'étoit une autre affaire. L'abolition de chacun d'eux en particulier supposoit un examen pénible, qui n'avoit point eu lieu, lorsqu'elle fut prononcée ; qui, sans être entrepris, amena pourtant quelques limitations, & qui, sans doute, auroit fait adopter des restrictions ultérieures, si l'on ne s'étoit pas senti trop lié par les décrets rendus. Trop de propriétaires ont souffert trop improportionellement de la suppression de ces droits ; les décrets du 4 & du 10 Août sont allé beaucoup plus loin que le bien public & la nécessité ne le demandoient. L'indétermination qui régnoit sur la manière précise de plusieurs de ces suppressions, entraîna des excès terribles de la part des paysans envers les seigneurs; plusieurs provinces furent éclairées la nuit par l'incendie des châteaux. Si, par-ci, par-là, l'on a beaucoup exagéré les événemens de cette espèce, si l'on en a même inventé, & si un gentilhomme Breton, Cœtlosquet, a révoqué dans le journal de Paris, le bruit qu'il avoit fait courir de l'incendie de son donjon, ce qu'il y a de trop vrai dans les violences qui ont eu lieu, & dont Lally n'a pu nous faire qu'un détail très-défectueux, a encore de la peine à se compter.

L'assemblée nationale ne savoit pas, pour le moment, combien les suppressions faisoient de tort à une multitude de monde. On le voit aux communications que le roi lui en donna, entre autres, à celle sur l'abolition des droits de *hallage* & de *minage*, qui, comme le gouvernement s'exprime, feroit la ruine d'une classe nombreuse de citoyens.

L'aversion de l'assemblée nationale pour le mot *banqueroute de l'état*, n'est pas fort aisée à expliquer. Au commencement de la session, il paroissoit qu'en effet l'existence de l'assemblée étoit attachée, même fortement liée, au sort des créanciers de l'état; mais elle ne tarda pas

K 4

à s'affranchir de ses liens et à assurer sa pleine indépendance. Les ménagemens que l'on avoit pour les capitalistes, préférablement aux propriétaires des terres, ne pouvoient pas être l'effet d'une propriété mieux fondée dans les premiers, plus précaire dans les autres (*). Le le principe unique, par lequel on justifioit la conduite tenue envers les propriétaires de terre, pouvoit, au besoin, servir aussi à justifier une demie banqueroute, et même une banqueroute complette. La seule différence étoit, que le dernier moyen portoit au corps de l'état un préjudice plus notable que le premier. On auroit pourtant été forcé d'y recourir à la fin, si les biens ecclésiastiques, ou plutôt l'assurance donnée par les municipalités, que la très grande partie de ces biens se vendroit avec avantage,

____

(1) Le nom odieux de *restes de la féodalité*, peut avoir avoir infiniment nui aux terriers. L'on pourroit assez bien dire ici, ce que dit Garat, à une autre occasion, *Journal de Paris* 1790, *page* 498 : *de très-bonnes institutions ont pris leur origine chez des peuples barbares. Et pour apprécier les institutions, ce n'est pas leur origine qu'il faut examiner, mais leur nature.* Ce dernier point, l'assemblée nationale l'a oublié dans bien des cas.

ne se fussent présentés pour faire cesser l'engorgement et l'embarras.

Sous ce rapport, les décrets de l'assemblée nationale, qui font, des biens ecclésiastiques, un domaine de la nation peuvent déja se justifier. Il est vrai qu'au moment où le premier de ces décrets fut rendu, l'on savoit, beaucoup moins qu'aujourd'hui, s'il y auroit de l'avantage à retirer ces biens et à fournir à toutes les dépenses du culte, sur-tout en augmentant, comme on y étoit résolu, la portion des curés. L'on n'avoit aucun état, pas même approximatif, ni de la recette fixe, ni de la dépense fixe. Sans l'intervention des municipalités, la sécularisation des domaines de l'Eglise, auroit été peu utile pour le moment, ou n'auroit servi à rien du tout. Dans la position des choses, il y avoit de quoi s'étonner avec Sieyès, (*voyez ses observations sur les biens ecclésiastiques*) de la précipitation avec laquelle une assemblée, revétue de la dignité législatif, décidoit les questions et les affaires les plus importantes.

Les principes économiques, comme nous le fait voir plus particulièrement *la vie de Turgot*, péniblement écrite par Condorcet, avoient décidé depuis longtems, que toutes les fondations pieuses étoient à la disposition de l'état. En cela , comme sur plusieurs autres points , les idées de Joseph II ressembloient à celles des économistes , dont , en général , plusieurs dogmes tranchans s'allient parfaitement avec le despotisme. D'après l'exacte justice, il devroit se faire que les biens des fondations supprimées revinssent aux héritiers des fondateurs ; mais la difficulté , souvent même l'impossibilité de les connoître , porteront toujours à appliquer ces biens aux besoins de l'état. Il est néanmoins inconcevable, qu'en France, où le clergé avoit tant d'empire sur les esprits, les ecclésiastiques n'aient pas excité plus d'émeutes et de troubles, au sujet de la suppression des couvens, des fondations , et des dotations de l'Eglise. Plusieurs, à en juger par les apparences, ne manquoient pas de bonne volonté ; mais heureusement, leurs efforts jusqu'ici ont été impuissans. L'on diroit que les idées de liberté sont devenues pour les Français , ce que la religion étoit autrefois à leurs yeux.

La suppression des dîmes ecclésiastiques , sans leur substituer sur le champ une autre imposition, est et demeure une démarche absolument inexcusable.

Le 4 août, l'on décréta seulement le rachat de la dîme. Le 10, le décret fut étendu, et d'un seul trait de plume on raya un revenu de soixante et dix milions, sans encore savoir où les reprendre. Un membre de l'assemblée la remercia aussitôt du don annuel de trente mille livres qui lui étoit fait par là. Pourquoi falloit-il que les propriétaires des terres décimables, dont plusieurs n'avoient payés les fonds que déduction faite de la valeur de la dîme, fussent favorisés à ce point ?

C'étoit un don sans proportion, puisque la dîme n'étoit pas universellement introduite en France, et que, d'autre part, le délabrement des finances défendoit rigoureusement une générosité semblable. Il a été question, par la suite, d'établir un impôt nouveau pour l'entretien du clergé ; mais si cet impôt ne tombe que sur ceux qui étoient auparavant redevables de la dîme, comme effectivement cela devroit être en bonne justice, il reste peu sage d'avoir détruit une une imposition, dont le surrogat étoit indispensable, avant d'avoir determiné ce surrogat, pour l'établir en même-tems. Le peuple murmure toujours d'avantage, lorsque le nouvel impôt paroît après coup, que quand il s'établit d'abord par manière d'échange. L'assemblée nationale s'est montrée trop souvent prompte, précipitée même, à supprimer et à détruire. Elle a aboli, et puis elle a renvoyé à un autre tems de prendre langue sur ce qu'elle mettroit à la place de ses décombres : l'un n'auroit jamais dû aller sans l'autre. Certes, la clause si fréquemment répétée : *sauf à aviser aux moyens de subvenir*, ne donne pas une haute opinion de la sagesse des législateurs.

La diminution que l'on a mise dans les revenus des possesseurs de bénéfices ecclésiastiques, diminution, dont les créanciers des bénéficiers doivent sentir les contre-coups, ne peut chercher son excuse que dans la loi de la nécessité ; et ici la nécessité est difficile à prouver. A la bonne heure, qu'au lieu de 113 évêques qu'il y avoit en France, il n'y en ait plus aujourd'hui que 83 ! Je crois moi-même qu'on peut fort bien se contenter de ce nombre. Mais, à supposer que l'état se trouve à même de pouvoir payer, il seroit juste que les possesseurs actuels des évêchés conservés, et ceux des évêchés supprimés, ainsi que tous les autres bénéficiers, ne perdissent rien du revenu, sur lequel ils avoient monté leurs maisons et tout le détail de leur tenue. J'en dis autant des autres fonctionnaires, qui tenoient leurs places à vie. Que s'il est absolument indispensable de diminuer ces revenus, au moins ne faudroit-il pas en agir d'après la

sévérité exagerée du principe, qui ne veut voir
la mesure de la diminution que dans ce dont
chaque individu peut se passer. Il seroit beaucoup
plus beau d'arbitrer ici d'après ce que l'état est
indispensablement forcé à épargner. Il me semble, à moi, qu'une lésine trop marquée a
présidé à la fixation du revenu des évêques et
des pensions des religieux.

Sans contredit, la nouvelle constitution de
la France est, sur plusieurs points des plus essen-
tiels, très peu analogue à la nature de cet Empire. Elle renferme une multiude de choses qui
ne vont qu'à une petite démocratie, ne sont
applicacles qu'à elle. Malgré cela, il est impossible de demander sérieusement : si l'ancienne
constitution valoit mieux? Un ami de la vérité
répondra sans hésiter, que la nouvelle, avec
toutes ses imperfections sensibles, est infiniment
au dessus de l'autre. Il y a plus : c'est qu'effectivement on trouve dans cette nouvelle constitution beaucoup de choses au-dessus de toute
comparaison et qui ne sauroient être mieux ;
mais cela n'est pas encore capable de la justifier. Si l'on y trouve également des arrangemens
qui sont en opposition et inconsiliables avec
l'essence d'un grand état, —— si l'organisation
de la machine est d'après toutes les notions que

(158)

l'expérience a forcé de regarder comme vraies, absolument incompatible avec le but raisonnable que l'on devoit se proposer, — si l'on voit que les principes qui y dominent sont établis sur une perfection idéale et des constitutions et des hommes, — si enfin l'on y a preté à ceux-ci une perfectibilité (*), que l'effet inévitable des passions humaines rend absolument impossible; on ne peut plus s'empêcher de regarder, sous plusieurs points de vue, cette nouvelle constitution Française comme une expérience métaphysique, qui fait assez bien dans la spéculation, mais de qui l'on ne peut guères attendre que l'essai, tel qu'il s'est fait, acquierre une consistance durable dans la réalité.

(1) Les légiflateurs de la France fe fout laiffés féduire par les opinions de Rouffeau & d'Helvetius, que tous les hommes naiffent également raifonnables, également difpofés, également aptes à tout, & que l'éducation grand objet d'une conftitution, fait feule tout ce qu'il y a faire.

Garat, favant profeffeur de l'anthropognoftique à la mode, dit page 382, du journal de Paris 1790 : *fi on prétend qu'il n'y a aucun moyen poffible de donner une mefure commune & fixe, de certitude morale à tous les efprits, à tous les âges, à toutes les nations, peut-être eft-ce trop défefpérer de ce que pourra l'efprit humain, lorfqu'il fera mieux dirigé.*

Mais enfin puisqu'elle est si avancée, cette constitution, puisque les choses n'en sont plus au point, où une marche rétrogradée pourroit leur convenir encore ; tout ami de l'humanité doit faire de vœux pour la stabilité d'un plan, qu'il n'a eu que trop d'occasions de désaprouver dans les moyens de son exécution : il doit même espérer que, contre toute vraisemblance, la chose ira encore mieux qu'il n'a pu, ou qu'il n'a osé se l'imaginer. Il ne se remplira pourtant jamais, j'en suis sur, de l'idée de ceux qui rêvent ici la possibilité de changer, peu à peu, et avec le tems celles des institutions nouvelles dont on sentira le préjudice, et dont on parviendra, peut-être, à se débarrasser sans grandes convulsions.

C'est par là que l'on cherche, en quelque sorte, à justifier l'expérience que l'on a hazardée ; mais l'histoire dit assez combien il est rare que, sans causer les plus violentes secousses, on touche à la constitution d'un état pour en corriger les vices. L'ami de l'humanité frémira sur-tout à l'idée d'une contre-révolution, puisque, en dépit des lumières tant vantées des Français, elle met-troit dans l'impossibilité de prévoir jusqu'où les choses pourroient aller, et combien elle détruiroit de ce qui s'est fait de bon. Une chose, en tout cas, peut le rassurer contre cette dernière idée : c'est l'invraissemblance qu'elle puisse arriver de si-tôt ; invraissemblance qui va toujours en augmentant. Sans compter l'enthousiasme du moment, deux hommes, le Roi et la Fayette, font évanouir l'idée d'ue contre-révolution : c'est à ces deux hommes que le salut de la France est attaché.

Quelque répugnance qu'on ait à parler des grands de la terre avec la chaleur du sentiment, parce que la flaterie les paie trop souvent de louanges peu méritées, la justice envers eux est aussi de devoir. L'histoire n'a presque pas un seul exemple d'un monarque, qui, dans la position de Louis XVI, ait montré autant de candeur, autant d'invariabilité, et, si je l'ose dire, autant de prudence. Louis n'est pas doué d'un vaste génie. Qu'on le mette, à cet égard, au-dessous des hommes ordinaires, j'y consens ; mais il voulut toujours le bien. Dès le commencement de son régne, le choix de ses ministres en a fourni la preuve. Et Turgot, Necker, Malesherbes, de Muy, St. Germain, Vergennes, la confirment. Si, de ceux que je viens de nommer, les trois derniers n'étoient que des hommes médiocres, c'est la renommée qui aveugla le monarque sur leur compte, non des intrigues de cour, non l'indifférence pour le bien

de

de ses états. Son attachement à Maurepas venoit, comme on le sait, de la source la plus noble : son père, au moment pour ainsi dire de sa mort, le lui avoit recommandé. Louis a souvent été trompé ; on l'a souvent égaré ; mais jamais on ne put lui reprocher aucune tromperie, aucun artifice, ces deux grands ressorts de la prétendue grandeur et de la prétendue sagesse des princes. Comme époux, comme père, comme frère, il est sans reproche. Il s'est opposé, autant qu'il a pu, à la déprédation des finances, à la mauvaise économie de la cour. Peut-être n'est-il pas exempt de quelques foiblesses sensibles. O vous ! qui osez en ricaner avec malignité, êtes-vous irreprochables ? et si vous l'étes, avez vous le cœur droit et uni de Louis, ce cœur si ami de l'ordre ? Où trouvra-t-on un prince, qui, comme celui là, ait eu le ferme courage de descendre de la hauteur du despotisme, pour embrasser l'autorité la plus limitée ? Après l'exil peu réfléchi de Necker, a-t-il essayé, soit par la force, ou par l'intrigue, de recouvrer son influence ? L'événement du premier octobre, ce repas des gardes-du-corps, la postérité ne pourra y voir autre chose qu'une scène très-imprudente, que sa grande imprudence rendoit aussi très-blamable. Si le roi eut favorisé le

L

moindre plan contre la nouvelle constitution ; s'il eut été disposé à le faire, nul doute que l'on n'en eut vu paroître en beaucoup plus grand nombre, et d'infiniment plus effrayants. Louis s'est conduit avec toute la candeur de l'ame la plus honnête ; aussi est-il vrai que la plus grande honnêteté étoit ici la plus grande sagesse ; combien peu il auroit effectué ! quels maux il auroit préparés à son royaume, à sa famille, à lui même, en agissant autrement ! Sans la prudente condescendance du roi, sans sa bonne volonté, la France, à l'heure qu'il est, se verroit engloutie dans un abîme de maux incalculables.

Mais le roi seul, au milieu d'une nation où l'ancien enchaînement des choses est détruit, et où le nouveau reste encore imparfait, ne réussiroit en aucune façon à en être le modérateur, s'il n'avoit à ses côtés le caractère ferme et résolu, la présence d'esprit de la Fayette. La Fayette, il est vrai, ne déploie son activité que dans Paris ; mais quel effet cette activité n'a t-elle pas pour tout le royaume ?

La garde nationale parisienne est devenue le modèle de toutes les gardes nationales de l'empire. Si la Fayette, par son caractère n'eut pas prévenu, dans Paris, des maux sans nom comme

sans nombre, que n'auroit-on pas à craindre
dans toutes les provinces ? On y a beaucoup
boulversé, beaucoup détruit ; mais à combien
plus de boulversemens et de destructions ne
pouvoit-on pas s'attendre ? D'un seul homme
a tout dépendu. Sans lui, les décrets impuissans
de l'assemblée nationale n'auroient rien affec-
tué, même à ses portes, pour le maintien de la
tranquillité et de l'ordre. Il n'a pu empêcher tous
les troubles ; mais combien n'en a-t-il pas prévenu ? combien n'en a-t-il pas appaisé ? La ca-
lomnie ne l'a pas épargné. Descendre pour lui
dans tous les points d'une justification détaillée
est une chose encore impossible, attendu que
les notions les plus particulieres et sures ne sont
point à la connoissance du public.

Les idées de la Fayette sur la constitution
sont, à en juger par le peu que nous en savons,
beaucoup plus démocratiques que la France ne
les comportoit. Sa politique paroit s'être formée
sur celle des Philadelphiens. Sous ce point de
vue, la Fayette ne mérite aucune estime ; il
s'est trop souvent laissé aller à des opinions
ridiculement outrées : mais les inculpations qui
ont attaqué son caractère, ont toujours été
repoussées par des faits nouveaux et parlants.
La Fayette n'est point un dieu ; il est loin d'être

un dieu ; mais si les meilleurs avis, sur son compte, peuvent être de quelque poids, il faut le tenir pour un grand homme, eu égard à sa fermeté résolue. Peut-être ne connoit-il point les hommes ; la nuit du 5 au 6 octobre, qui lui permit de se coucher, sans aucun pressentiment du péril & des événemens qui eurent lieu, semble l'indiquer. La sureté de la capitale tient encore à la Fayette. L'organisation de la garde nationale, la fixation de son nombre et de ses rapports avec la puissance exécutrice et l'armée, sont les points les plus importans et les plus difficiles dont notre impatience ait à attendre la décision.

Le roi & la Fayette sont les deux hommes qui paroissent pouvoir concourir essentiellement & exclusivement au soutien d'une constitution qui est encore si vacillante. Necker a beau concevoir & présenter des plans sages, son activité est paralysée aujourd'hui par l'assemblée nationale. Quant aux autres ministres, il en est, peut-être, qui ne manquent pas de talens pour quelques parties de l'administration ; mais leur autorité est autant que nulle, & puis il seroit inutile de chercher parmi eux le grand homme d'état. Une chose bien plus triste à dire, est que l'œil le chercheroit en vain dans la vaste étendue de l'assemblée nationale.

Mounier & Lally étoient dignes de devenir les principales colonnes de l'état. On ne retrouvera pas aisément autant de lumieres & autant de caractère, dans la réunion parfaite où ils les ont montrés. L'intrépidité de Mounier, sa fermeté, la lucidité de son esprit, dans l'effroyable séance du 5 octobre, sont dignes de la plus haute admiration. Lally y a également les plus justes droits par la beauté de son ame, par cette modération qui est si rare dans les positions pareilles à celle où il se trouvoit, par sa constance dans les bons prinprincipes, auxquels il resta attaché dans tous les changemens de circonstances. Je ne vois, dans leur vie publique, aucune démarche qui ne soit pas à approuver. Cependant, je ne saurois être d'accord avec eux sur le parti qu'ils ont pris en définitif. Mounier & Lally ne devoient pas s'éloigner pour toujours d'une assemblée qui devenoit si décisive pour le bonheur ou le malheur de la patrie. Ils ne craignoient pas la mort ; & des hommes comme eux ne peuvent pas la craindre, au milieu du saint acquittement de leurs devoirs. Leur santé étoit mauvaise, elle étoit dans le délabrement : ils pouvoient quitter pour un temps ; car à quoi étoient-ils bons avec des ames émoussées ? Ils ne pouvoient se résoudre à agir dans le silence ; &, pour opérer autrement, les forces physiques leur manquoient. Toutefois cela ne peut justifier le parti de prendre congé de l'assemblée pour toujours. S'il leur restoit peu d'espoir d'y effectuer quelque chose, encore valoit-il mieux y attendre avec confiance un heureux hasard, qui pouvoit aisément leur rendre leur première influence. C'est ainsi que nous nous permettons de les juger d'après ce qu'ils ont écrit eux-mêmes au sujet de leur conduite ; mais, si dans la presse des circonstances & dans les oulèvement de toutes les passions, nous nous serions mieux conduits qu'eux ; c'est une question qui n'est pas aisée à décider. Là, où Mounier & Lally ont été en défaut, il pourroit être fort difficile de faire preuve de réflexions plus mûres. Leur patrie les a méconnus. L'œil impartial & pénétrant de l'avenir les verra à leur véritable hauteur. Et si cette récompense leur manque, attendu que, dans le tourbillon des grands événemens, la postérité ne s'arrête guères aux auteurs des meilleurs projets lorsqu'ils ont augmenté le nombre des projets manqués, rien ne leur enlèvera celle, plus grande, que des hommes comme Mounier & Lally trouvent toujours au fond de leurs cœurs.

Qui sont maintenant ceux de l'assemblée nationale sur qui l'on puisse préférablement reposer sa confiance, pour la marche & le maintien de la constitution ? Dans tout sénat, vous voyez de ces hommes marquants, de ces hommes qui se distinguent par leur génie, & sur-tout par leur caractère ; de ces hommes que vous montre d'abord chaque citoyen que vous interrogez sur les personnages qui ont de l'importance aux yeux de la patrie ; de ces hommes enfin qui jouissent de l'estime de ceux-là même avec qui ils se trouvent en opposition de principes, comme diroit un Fox vis-à-vis du parti ministériel en Angleterre. Cherchez-en dans l'assemblée nationale, vous n'en trouverez point.

Il s'y trouve des membres qui ont dit d'excellentes choses sur quelques parties de la constitution & de l'administration ; mais l'énergie de l'ame, la puissance qui embrasse un grand ensemble, & y voit tout avec la même facilité qu'elle a à trouver, dans les principes admis, ce qu'ils renferment d'applicable, --- ce qui fait ces hommes qui commandent la confiance, parce que déjà ils ont fait leurs preuves, & ont mis le public à même de les apprécier. --- En un mot, ces êtres privilégiés, qui jusqu'ici sont toujours devenus le point central de toute constitution libre ; c'est envain qu'on les cherche. Les talens qui se sont montrés à l'assemblée nationale sont de l'espèce que l'on peut retrouver dans tout état monarchique. Sans doute, c'est sous l'ancien régime que se sont formés les hommes d'aujourd'hui ; c'est sous lui qu'ils se sont developpés. Mais les grandes révolutions élèvent si souvent les hommes au-dessus d'eux-mêmes ! Elles sont si propres à faire sortir des qualités que l'on ne soupçonnoit pas ! Le peuple français, jusqu'à un certain point, peut servir de confirmation à cette vérité ; mais pour ce qui est d'individus véritablement grands & capables de diriger l'assemblée nationale, on n'en trouve point. Combien Mirabeau n'a-t-il pas déjà baissé ! L'esprit général du peuple ne défend pas suffisamment la constitution ; l'enthousiasme se perd dans la tranquillité. En ce moment-ci ; la nation est dans un état violent, qui ne sauroit durer. Elle voudra sommeiller un peu, & elle en aura besoin. C'est alors qu'elle aura besoin de veilleurs, qui sachent empêcher que son sommeil ne devienne celui de la mort, & qui sachent reproduire à tems la fermentation douce qui est nécessaire à tout état libre. (*) Peut-être verra-t-on de pareils hommes s'élever, avec le tems, dans l'assemblée nationale, quoique la trop courte durée de celle-ci ne le rende pas fort vraisemblable. C'est toujours une chose fort étrange qu'on n'y en voit encore aucun de cette espece. L'on ne s'y fait pas faute de déclamations violentes; mais la plupart sont telles, qu'elles ne peuvent ni faire la réputation de leurs auteurs, ni même une sensation capable d'a tirer sur eux les regards. Aussi cela ne doit-il pas être, si les idées dominantes doivent conserver leur empire; car l'on a cherché à se précautionner contre la prépondérance des grands hommes, autant que contre celle de la noblesse. Le philosophisme doit régner seul; & la raison, qui le conduit, se trouve en mesure parfaitement égale dans tous ceux qui se sont bien pénétrés de la vérité du système économique.

Dans un tems où les aristocrates & les démocrates étoient encore dans une sorte d'équilibre, tout faisoit désirer une heureuse réunion

______

(1) Bergasse dit avec beaucoup de justesse: *ce sont toujours des individus qui élèvent la voix contre les abus, & qui, s'ils sont doués de quelque courage & de quelque génie, forment une puissante opinion pour les détruire.*

des gens modérés. Il étoit de nécessité que tous les membres épars de cette classe, s'ils vouloient effectuer quelque chose, formaffent un parti, puisque chacun d'eux en particulier, quelles que fuffent ses lumieres, n'étoit pas en force pour résister aux deux factions. Il fut effectivement question de former le club des impartiaux, à la tête duquel le duc de la Rochefoucault devoit se trouver. S'il y avoit un moyen de prévenir le mal que le triomphe de l'un des deux grands partis sur l'autre devoit faire éprouver à la France, on ne pouvoit le chercher que dans un tiers parti placé entre les deux autres. La Rochefoucault, qui jouissoit du crédit que donnent la naissance & la probité, paroissoit n'être pas un mauvais choix pour être le chef de ce parti; mais le seul nom de parti avoit quelque chose de trop effrayant pour cet honnête homme, élevé dans les principes de *l'évidence de la raison*. Il frémit à l'idée du bien qui auroit pu s'opérer sous sa direction, & n'eut rien de plus pressé que de contredire publiquement les bruits qui s'étoient répandus sur un parti dont il devoit être le chef (1). Aussi n'a-t-on jamais apperçu ni

(1) Le paffage fuivant, tiré du difcours de Burke, que nous avons déja cité plufieurs fois, fera voir ce qu'il

liaison, ni union parfaite entre les esprits violens modérés de cette assemblée. Les aristocrates, les démocrates eux-mêmes n'ont point combattu sous les drapeaux d'un général expérimenté ; ils ont fait les hussars, taillant & frappant, en petite guerre, sans savoir où, ni comment. Les orateurs qui se font le plus entendre, ne peuvent pas former de grandes prétentions à notre estime. Ils débitent beaucoup de belles phrases par-ci par-là, quelques bonnes idées ; mais nul ensemble dans leurs conceptions pour les constitutions en général, dans ces conceptions qui ne peuvent être fondées que sur des observations profondes,

pensoit de l'attachement à un chef de parti, au moment même où il contrarioit un homme qui, depuis 25 ans, joue un des rôles parmi les hommes d'état en Angleterre, & eut toujours part à ce qui s'est fait de plus important au parlement. « His confidence in M. Fox, » was such and so ample, as to be almost implicite. That » he, Burcke, was not ashamed to avons that degren » of docility. That when the choiné is wall made it » strengthenn instead of oppressing our intellect. That » he who calls in the aid of an aqual understunding » doubles his own. He who profits of a superior underi- » tanding, raifes his powars to a level with the height » of the superior understanding he unites with : fie had » found the benefir of a junction, and would not ligetly » depart from it ».

sur la connoissance des hommes & des nations, sur l'essence des gouvernemens. Tout est plein de raisonnemens abstraits sur la meilleure législation, & de ces raisonnemens que l'on trouve dans cent ouvrages très-médiocres; mais aucun coup-d'œil jeté sur ce qui convient au caractère national, & sur ce qui pourroit le modifier peu-à-peu. L'on parle beaucoup de loix sur l'éducation. Je ne sais pas encore fort bien ce que des loix peuvent sur ce point. De meilleurs plans pour l'instruction de la jeunesse ne sont pas des loix sur l'éducation; & ces plans, je ne crois pas qu'on puisse les attendre de l'assemblée nationale. Il est très-possible de faire quelque chose pour l'amélioration & le perfectionnement des établissemens d'éducation publique; mais un tout nouveau système d'éducation, pour un empire qui compte vingt-cinq millions d'hommes, n'est guères un objet auquel les loix puissent atteindre avec succès. L'on songe à annoblir le caractère national, & à agir fur le peuple, par des fêtes publiques & par des récompenfes aux vertus domeftiques & civiles. Ces idées reviennent fouvent dans les débats. Il feroit bon, fans doute, que l'on trouvât quelque chofe à quoi le peuple pût fe tenir, puifque aujourd'hui la religion paroît

(173)

avoir beaucoup perdu de fon influence, & que
l'on a aboli plufieurs anciennes coutumes, plufieurs avantages qui étoient, pour la plus
grande partie de la nation, des récréations,
des amufemens, des reftaurans. En France,
comme par-tout, le peuple étoit gouverné par
l'autorité & par l'opinion. L'autorité des hommes
y a été affoiblie au poffible, & l'on y a anéanti
la tenue des opinions reçues fur parole. Que
mettra-t-on à la place pour l'homme du peuple ?
-. Cette métaphyfique élevée jufques aux nues, (*)
& l'évidence de la raifon ? Il n'y a qu'à voir
l'effet de cela fur qui eft obligé de gagner fon
pain à la journée, & par les groffiers travaux
manuels. --- Le civifme ? Il n'ira pas fort
loin, lorfque l'enthoufiafme du moment fera
évaporé. Cependant il ne fauroit refter fans
effet; mais il ne fera jamais pour une munici-
palité françaife, ce qu'il fut autrefois pour Sparte.
Il agit, il opere en Angleterre, mais c'est con-
jointement avec l'ancienne religion, l'ancienne
conftitution, les anciennes mœurs. Quant à ce

(1) Garat dit: *cette métaphyfique que les efprits faux
& les talens d'oftentation ont en horreur, parce qu'il n'y
a pas de charlatanifme & d'erreurs que cette métaphyfique ne doive un jour faire tomber.* Journal de Paris
1790, page 583.

qu'en produiront des fêtes de Rosières, des re-
nouvellemens de serment civiques, des fédérations, c'est à l'expérience de nous l'apprendre.
Avant que les institutions nouvelles ne soient
parfaitement consolidées, avant qu'elles ne soient
devenues *mœurs & coutumes des pères*, il n'y a
pas infiniment à compter sur leur influence.
Elles perdent bientôt les charmes de la nou-
veauté, & beaucoup plus aisément qu'elles ne
se mettent en possession du respect qu'impose
l'ancienneté.

L'on diroit que certaines gens attendent, de
l'établissement des fêtes de Rosières, le retour
certain de l'âge d'or. Les tableaux qu'on en
fait pourroient bien avoir quelque chose de
trop idéal pour la petite classe des bergers. Une
paix interne, un esprit de famille, doivent répandre le bonheur sur toute la nation. S'il étoit
possible de donner de la réalité à ce superbe
rêve poétique, quel fondement trouveroit, dans
les sentimens de bergers d'Arcadie, un état
libre, qui ne peut exister qu'au milieu de ces
passions, dont le choc ranime les forces de
l'homme, les tend & les soutient ? Il est étonnant que personne n'ait encore proposé le pat-
tage égal des terres, qui paroît si nécessaire

au rétabliſſement de l'innocence, & de la première jeuneſſe du monde.

A côté de cette paix interne, il faut placer
la ſublime & tant applaudie idée du duc de
Lévi, appuyée par Pétion de Villeneuve, d'une
déclaration de fraternité à faire à toutes les
puiſſances étrangeres. Pour parler ſérieuſement,
il eſt probable qu'en effet la France verra
moins de ces guerres ſi ſouvent entrepriſes par
l'humeur & le caprice d'un miniſtre ou d'une
maîtreſſe ; & cela eſt un grand bien pour l'humanité : mais l'ambition, la colere, la jalouſie
nationale, règnent dans les aſſemblées des repréſentans des peuples, autant que dans les ca-
binets des rois, & ces paſſions produiront toujours aſſez de guerres.

Ce Pétion de Villeneuve, qui a dit un jour :
*pourquoi du ſecret, lorſqu'on veut être juſte &
qu'on a de la force ?* s'eſt moqué de tous les
ſecrets d'état, dont on enveloppe les négociations avec les puiſſances étrangères ; mais ſes
moqueries n'opéreront guères la conviction dans
ceux qui ſe connoiſſent à la choſe, & qui,
des premiers à rire du myſtère que l'on fait
d'opérations relatives à d'autres objets, ne riront
jamais du voile jeté ſur des négociations. Certes,
quand on entend dire aux enragés, que la

France n'a befoin ni de colonies, ni de commerce, ni d'alliés, ni de marine ; quand on voit les personnages du parti dominant, difputer en vrais fcholaftiques, & avec tout l'âpreté fcholaftique, fur des frivolités & des mifères, rien ne peut détourner de retirer fon eftime aux légiflateurs actifs de la France. Comment un peuple, violent dans fes tranfports, & qui n'eft pas en état de juger les principes dont on l'étourdit, ne feroit-il pas égaré par des théories qui ne font appuyées que fur l'efprit de fyftême, ou fur une imagination exaltée, & nullement fur la connoiffance des hommes & des conftitutions ? L'égarement. eft d'autant moins évitable, qu'il y a aujourd'hui plus de membres du parti qui, écrivant des journaux, & y rendant compte des débats, fe font donné le pouvoir excluff d'agir fortement fur l'opinion publique. Ce n'eft pas qu'il ne paroiffe un déluge de pafquilles anonymes contre l'affemblée nationale ; mais les hommes probes de la minorité, dont il faudroit que nous euffions auffi des éclairciffemens, attendu qu'on ne peut favoir la vérité en n'écoutant qu'un parti, ont toutes les peines du monde à fe faire imprimer.

Parmi les membres de l'affemblée nationale qui ne demandent point la parole, ou ne la

prennent

prennent que rarement, il peut se trouver quelques bonnes têtes. Leurs suffrages, plus d'une fois, ont influé salutairement sur la rejection de projets, pour lesquels les orateurs les plus distingués votoient. Parmi les démocrates, Dupont marque très-avantageusement. Il a de grandes lumières dans quelques parties; & les idées économistiques, dont il est le partisan, il ne leur permet pas de le mener trop loin. Tout en lui annonce un homme qui mérite la plus grande considération. Bailly ne paroît plus guères à l'assemblée. Comme maire de Paris, il est assez occupé. Barnave s'est fait remarquer par le feu de ses discours, & par des conceptions non-vulgaires qu'il a mises en avant en plusieurs occasions; c'est lui qui a emporté, contre Mirabeau, le décret pour la tranquillisation des colonies. Pourquoi faut-il que, par les décrets de l'assemblée, ce jeune ambitieux se voie exclus des grands emplois? Cela le réduit à mettre sa gloire à livrer aux ministres les assauts les plus violents & les plus injurieux.

Les orateurs du parti, qui occupent le plus la tribune, Pétion de Villeneuve, Roberspierre, Rœderer, Target, Chabroud, le duc d'Aiguillon, les deux Lameth, Goupil de Prefeln, le vicomte de Noailles, &c. il y a peu de bien à dire des lumières de tous ces messieurs. L'on peut dire la même chose des parleurs du côté des Aristocrates, si l'on en excepte Cazalès, qui est toujours conséquent, & dit souvent d'excellentes choses. Mais Mauri, Epresménil, le comte de Clermont & dom Gerle, quels plats raisonnemens ne se permettent-ils pas ?

Dans la fermentation que la révolution de France a excité en Allemagne; dans la disposition actuelle des esprits & la différence absolue des idées, il n'est guères vraisemblable que mes réflexions puissent se promettre un accueil favorable. Presque tout a pris parti, & l'a pris sans restriction, soit d'un côté, soit de l'autre. Notre noblesse, nos hommes d'affaires craignent, avec raison, l'anarchie; mais ils la craignent si fort, qu'ils ne voient que cela dans la révolution française. Nos théoriciens, nos penseurs du tiers-ordre professent, avec le même droit qui anime l'autre parti contre l'anarchie, une aversion insurmontable contre le despotisme, & ne trouvent ce fléau de l'humanité que là où en effet il se trouve plus souvent, mais pas exclusivement, dans l'autorité illimitée d'un seul. Plusieurs hommes sages, éclairés, versés dans les affaires, convaincus par leur expérience que la pression se fait toujours sentir d'en haut, & que les prétentions du premier ordre en Allemagne ne font pas aifées à concilier avec l'intérêt général & le bien public, fe laiffent aller au fentiment qui les poignarde, & prennent vivement parti pour l'affemblée nationale. Qu'on y joigne le nombre confidérable de ceux de tout état, qui fe font formés dans les livres, & qui n'ont pris que là, non dans leurs propres obfervations, ce qu'ils favent du monde & des différentes conftitutions ! Tous ces hommes ne doivent & ne peuvent pas être contens de mon ouvrage. Il eft inftant, par cette raifon, que je faffe connoître les motifs qui m'ont déterminé à le faire & à le publier, malgré les jugemens défavorables auxquels il me laiffera expofé.

Dans tout ce que j'ai écrit, mon premier but fut toujours de rendre hommage à la vérité & à la juftice, & de dire ce qu'un fentiment toujours profond me faifoit regarder comme vrai & comme jufte. Dans cette difpofition d'ame, je me fuis fenti irrité par la tournure que les chofes ont prifes en France. Je crains que, par les mefures qui y ont été adoptées, la liberté ne foit pas armée pour long-temps ; que, par ces mefures trop fuivies, les Français n'aient beaucoup plus nui à l'affaire la plus grande & la plus précieuse de l'humanité, qu'ils ne lui

M 2

ont été utiles. Je n'ai épargné aucune peine pour m'inftruire. Depuis un an, les événemens arrivés en France ont fait la principale occupation de ma vie. J'ai lu, avec la plus grande contention d'efprit dont je puiffe être capable, ce qui a paru de mieux & de plus inftructif. Dans des converfations avec des hommes très-éclairés, dont quelques uns étoient d'un avis tout oppofé au mien, & dont le très-petit nombre penfoit abfolument comme moi, j'ai peut-être plus appris que dans les livres. De la caufe de la liberté, je fis toujours la mienne. Je suis prêt à toute heure, à lui facrifier tout ce que j'ai. Mais il ne faut pas confondre les idées qui prédominent en France avec la caufe de la liberté. Il eft plufieurs principes des démocrates, auxquels je m'oppoferai toujours avec autant de zèle qu'à ceux des ariftocrates & des partifans du defpotifme. Mes idées, qu'elles foient bonnes ou mauvaifes, font mes idées ; je les ai embraffées fans aucune acception de perfonne. Dans la partie de la France qui appartenoit ci-devant à l'Allemagne, l'on a cru fauffement, que quelques Savans de ma patrie avoient été portés, par des ordres ou des inspirations supérieurs, à dire leur sentiment fur cette grande affaire. Ceux-là ne se trompoient pas moins, qui se disposeroient à penser

la même chose de moi. Qui connoît ici la véritable situation des choses n'a pas même besoin,
là-dessus, de mon assurance positive. Je ne me
connois aucune prédilection pour aucun parti,
quel qu'il soit: la cause de l'humanité, voila
la seule prédilection dont je sois susceptible.
Jusqu'ici, je ne crois pas que les aristocrates &
les partisans du despotisme m'aient compté parmi
leurs amis; & jamais ils ne pourront compter
sur moi pour la défense de leurs principes. L'on
me reprochera peut-être mon amour extrême
pour la constitution anglaise; il est né en moi
de la conviction qu'à porté dans mon ame l'excellence de cette constitution ; excellence, non
pas absolue, & telle dans tous les cas , mais
relative, comme je m'en suis expliqué plus au
long daus un *mémoire sur l'esprit politique de
l'Angleterre*, inséré en 1786, dans le journal
menstruel de Berlin. Je me suis toujours confirmé de plus en plus dans l'opinion que cette
constitution , en grande partie l'effet du hazard
& des besoins du moment , convenoit mieux à
un grand empire d'Europe, que tout ce que la
petite sagesse de nos grands hommes à courte
vue peut élever systématiquement. Quand j'ai
parlé de l'assemblée nationale & de ses plans,
j'ai cherché, avec quelque anxiété , à adoucir,

au possible, le ton de ma désapprobation forcée, & à n'exprimer qne foiblement ce que je sentois avec vivacité. Que les amis de la nouvelle constitution française m'appellent aristocrate, les noms ne m'effraient point. Si je n'ai pas trouvé la vérité, je l'ai cherchée du moins péniblement & avec sincérité ; & ceux-là seuls sont en état de me juger, qui y apportent autant de soins & autant de sincérité. Qu'il me soit permis de me consoler de l'improbation des aristocrates & des démocrates, en empruntant les paroles du digne & honnête Servan, & en disant avec lui : *quand on parvient à mécontenter à la fois deux partis opposés, on peut se croire assez voisin de la vérité.*

FIN.